MÉMOIRE EN RÉPONSE

POUR

Les sieurs PIERRE BARON-FAURE, ouvrier mineur et propriétaire, domicilié à la Motte-d'Aveillans ;

CHRISTOPHE-PIERRE REYNIER, notaire à la résidence de la Mure ;

JOSEPH REYNIER, propriétaire, et AIMÉ REYNIER, cultivateur, domiciliés à la Motte-d'Aveillans, opposans par requêtes des 23 juillet 1831 et 19 mars 1832, aux fins de la demande en concession de mines d'anthracite sur les communes de la Motte-d'Aveillans et la Motte-Saint-Martin ;

CONTRE

Les sieurs CARAL, BADIER, ACHARD, VALLANTIN et AUBAUD, demandeurs en concurrence ;

AU MÉMOIRE PORTANT DATE DU **27 JUIN 1833**,

Et OBSERVATIONS *sur les rapports de M. l'ingénieur en chef des mines des 12 janvier 1832 et 5 juillet 1833.*

A GRENOBLE,

DE L'IMPRIMERIE DE C.-P. BARATIER,

IMPRIMEUR DE LA COUR ROYALE ET DES TRIBUNAUX.

1833.

MÉMOIRE EN RÉPONSE

POUR

Les sieurs PIERRE BARON-FAURE, ouvrier mineur et propriétaire, domicilié à la Motte-d'Aveillans;

CHRISTOPHE-PIERRE REYNIER, notaire à la résidence de la Mure;

JOSEPH REYNIER, propriétaire, et AIMÉ REYNIER, cultivateur, domiciliés à la Motte-d'Aveillans, opposans par requêtes des 23 juillet 1831 et 19 mars 1832, aux fins de la demande en concession de mines d'anthracite sur les communes de la Motte-d'Aveillans et la Motte-Saint-Martin;

CONTRE

Les sieurs *CARAL, BADIER, ACHARD, VALLANTIN* et *AUBAUD, demandeurs en concurrence;*

AU MÉMOIRE PORTANT DATE DU 27 JUIN 1833,

OBSERVATIONS *sur les rapports de M. l'ingénieur en chef des mines des 12 janvier 1832 et 5 juillet 1833.*

Il ne suffit pas à nos adversaires, pour se prémunir contre les révélations accablantes que nous avons à faire dans la cause, de s'être arrogés contre nous, en commençant, les paroles de blâme qu'ils savaient leur être réservées. Non, l'opinion publique n'est

1

pas pour eux; elle ne saurait se ranger du côté de concurrens qui n'ont à s'étayer que de mensonges et d'iniquités. Cet ouvrier dont ils parlent, ils pensaient, à la faveur de son isolement, lui enlever sans obstacle le fruit de quatre ans de travaux, de dépenses et de privations, en exhumant l'existence passée d'une société éteinte, et en ourdissant les trames les plus honteuses. Aujourd'hui ils se déchaînent contre ceux qui, par leur association, concourent à lui assurer des droits incontestables. Mais que peuvent de misérables injures que rien ne saurait justifier?

Pous nous, nous ne resterons pas dans le champ des vaines allégations. La preuve à la main, nous rétablirons la vérité foulée aux pieds, nous démasquerons d'affligeantes turpitudes. Par-là, nous pouvons le dire à plus juste titre que les adversaires, nous éclaircerons la religion du fonctionnaire qui doit encore émettre un avis dans la cause, et nous donnerons un libre accès au vif désir qu'il a de la justice et de la vérité.

FAITS.

Les adversaires se sont hâtés d'annoncer qu'ils rapporteraient *religieusement dans toute leur sincérité les faits qui constituent le débat, tels qu'ils ont eu lieu, tels qu'ils ont été recueillis dans une enquête contradictoire.* Cela n'empêchera pas que nous ayons à les suivre pas à pas dans leur exposé, et à signaler une fausseté à chaque phrase et presque à chaque mot.

En 1819, les sieurs François Achard, propriétaires à la Motte-Saint-Martin, et Michel Day, huissier à la Mure, entreprirent des recherches d'anthracite sur la montagne de la Motte-d'Aveillans, au mas de Sagneraux, en vertu d'un simple arrêté de M. le préfet de l'Isère, du 9 juin même année, qui en accordait la permission au sieur Day seul. Il paraît que le sieur Aubaud, aussi huissier à la Mure, était leur associé, quoique son nom ne fût pas en évidence.

« Leurs fouilles, lisons-nous page 3, ne furent point d'abord
» couronnées d'un *plein succès;* mais elles amenèrent, plus tard,
» des découvertes *assez importantes* pour promettre un dédom-
» magement à leurs travaux. »

Ici commence le système de mensonge qui se poursuit dans tout le Mémoire, après avoir été imaginé et mis au jour, comme seul moyen de réussite, dans les différentes pièces que la société Achard a produites au dossier de la demande en concurrence ; mais pourquoi les adversaires n'ont-ils pas eu au moins le bon sens de ne pas fournir eux-mêmes un démenti patent et irréfragable à l'assertion de *découvertes importantes :* le premier rapport de M. l'ingénieur en chef des mines, en date du 12 janvier 1832, transcrit à la suite du Mémoire sous le n° 3, et conforme, quant à ce, à celui du même fonctionnaire, du 5 juillet 1833, porte :
« Les fouilles entreprises par les demandeurs (Day et Achard)
» n'avaient *fait qu'effleurer le terrain, et aucun gîte n'était évi-*
» *demment découvert.* Dans une petite ouverture il y avait effec-
» tivement une veine de charbon tendre (*anthracite friable*),
» mais elle n'était *ni encaissée ni exploitable,* etc.

» M. l'ingénieur en chef des mines, continuent les adversaires,
» chargé de dresser un rapport sur leur demande, les engagea à
» pousser *un peu plus loin* leurs travaux, afin qu'il eût à signaler
» la présence d'un gîte considérable. Ils se conformèrent à cette
» invitation ; ils employèrent plusieurs ouvriers, et dès 1823 une
» galerie de 26 toises de profondeur était ouverte ; elle fut boisée
» dans les formes régulières ; plusieurs ouvriers y furent atta-

» chés, particulièrement un nommé Reyjoly, mineur intelligent,
» qui fut chargé de la direction des travaux. »

Voyons ce qu'il faut croire de ces travaux pompeusement décrits : M. l'ingénieur en chef des mines nous l'apprend encore dans son premier rapport où, par suite au paragraphe copié, il s'exprime ainsi :

« Le sieur Day, huissier, était sans fortune, Achard avait des
» propriétés, mais ses dettes le laissaient dans une position ex-
» trêmement gênée. Les travaux de recherche n'eurent pas de
» suite ; *on fit quelques mètres de galerie inclinée, sans aucun*
» *résultat.* Je m'assurais, ou par eux ou par d'autres, tous les
» ans, de l'état de l'exploration, et je *recevais l'assurance qu'au-*
» *cun gîte n'était découvert,* parce que les fouilles reprises à de
» grandes distances de temps, étaient sans succès faute de
» moyens et de *persévérance.*

» *Cette affaire était oubliée,* lorsque, dans le courant de 1831,
» la découverte réelle du sieur Baron-Faure a fait reprendre
» l'instance de cette demande. »

Ces faits sont reproduits avec plus de force dans le second rapport de M. l'ingénieur en chef. On y trouve que le *sieur Achard était dans l'impossibilité d'avoir des fonds nécessaires pour se livrer à des opérations de recherche, et que le sieur Day était sans aucune espèce de crédit.*

A la suite des assertions examinées, on lit, page 4 : « Il im-
» porte de remarquer que, suivant l'usage de toutes les personnes
» qui, sans être elles-mêmes ouvriers mineurs, font travailler
» dans des périmètres permissionnés en leur faveur, il était con-
» venu avec Reyjoly qu'il travaillerait à ses risques et périls, ce
» qui, dans sa pensée et dans le langage des ouvriers du pays,
» signifie qu'il aurait seulement le droit d'épuiser le gîte qu'il

» pourrait exploiter, par la galerie qu'il aurait ouverte, et non
» au-delà, et que s'il y avait insuffisance dans les produits pour
» le rembourser de ses travaux, il ne pourrait rien répéter con-
» tre la société. D'autres ouvriers travaillèrent aussi d'après des
» conditions semblables. »

Que peut-il y avoir d'important, pensera-t-on, à cette remarque, que les ouvriers s'employaient à telle ou telle condition?
Il serait difficile de l'apercevoir au début, mais qu'on y fasse bien
attention, il entre dans le système des adversaires de mettre en
avant que Reyjoly a travaillé pour eux sur le pied et d'après les
conventions qu'ils expliquent, et il leur importerait fort de trouver des gens assez simples et assez ignorans de ce qu'est une mine
de charbon, pour ajouter foi aux mensonges plus qu'absurdes
qu'ils ont osé écrire à ce sujet.

Nous apercevrons plus tard le motif, disons seulement en passant, sans craindre d'être démentis, qu'il est faux que jamais on
ait vu se faire entre un explorateur et un ouvrier un marché semblable. Pourrait-on en effet concevoir le contraire ? Pour cela il
faudrait qu'une galerie qui met à découvert une couche de charbon, ne fût qu'un bien faible travail, procurant l'extraction de la
matière pendant quelques jours seulement, après lesquels, ne
pouvant plus rien exploiter par cette voie, on serait obligé de
l'abandonner et de venir à nouveaux frais, en en pratiquant une
autre pour prendre à côté ou plus haut ou plus bas.

Mais on sait qu'il n'en est pas ainsi, au moins dans notre
pays.

Le plus souvent, les explorations se font par puits. Si elles ont
lieu par galerie et qu'on arrive au charbon, ce travail reste, et
dix fois pour une il amène seul, sans qu'il soit besoin de partir

d'un autre point, l'épuisement de la mine dans 30, 40 ou cent ans de l'époque où il aura été utilisé (1).

Cela étant, quelle chance favorable aurait l'explorateur qui passerait avec un ouvrier le contrat aléatoire dont on parle? Le meilleur résultat pour lui serait que le travailleur ne trouvât rien dans ses fouilles, parce qu'alors la perte ne serait que pour ce dernier, tandis que la découverte, amenant une exploitation au profit de celui qui en a été l'instrument, et cette exploitation, supposant une concession obtenue ou à obtenir par l'explorateur, ce concessionnaire *ad honores* aurait la charge du maître, sans avoir aucun des profits.

Ainsi, l'ouvrier pourrait découvrir une mine donnant, chaque année, vingt mille francs de produit net. Lui et ses descendans percevraient pendant plusieurs générations, ces immenses bénéfices, jusqu'à épuisement de la matière, sans changer de galerie, et le *bon* explorateur n'aurait fait que léguer à sa famille des charges proportionnées à l'importance de la découverte.

Nous le répétons, il y a plus que de l'absurde dans l'assertion des adversaires. Nous les défions de produire un seul exemple à l'appui.

Ils poursuivent de plus belle : « Les travaux continuèrent avec » persistance et donnèrent des produits assez considérables, puis-

---

(1) Les moindres mines d'anthracite du canton de la Mure s'exploitent par la même galerie depuis plus de trente-cinq ans. Pour la plus importante, celle de la Motte, dite la *Grand'Draie*, on n'a pas encore été obligé de changer la principale ouverture, depuis plus de 80 ans qu'elle est en exploitation. Il n'y a jamais eu que la galerie d'entrée, actuellement existante, pour mettre à profit les immenses richesses que ce gîte a produites, sans compter l'avenir.

» que , indépendamment de ce que retiraient les ouvriers, l'un
» des associés , M. Aubaud , enleva en une seule fois 3 à 400
» quintaux. »

Des produits considérables ! Pour le démontrer, une citation ne
serait pas mal, a-t-on pensé. Quel embarras ! *M. Aubaud a en-
levé en une seule fois 3 à 400 quintaux. En une seule fois !* L'i-
dée est bonne. Est-ce en un jour? Est-ce en un voyage? Est-ce....
C'est en tout le temps que les sieurs Day, Achard et Aubaud étaient
censés se livrer à des explorations; c'est de 1819 à 1823 qu'on est
parvenu à amasser cette quantité de combustible qui peut bien
être évaluée de 60 à 80 fr., eu égard à la difficulté d'accès et à sa
mauvaise qualité, car M. l'ingénieur, dans son second rapport, déclare qu'il n'était pas de nature à être vendu. Voilà toute la matière retirée par les associés Achard, et encore nous verrons plus
bas que ceux qui l'exploitèrent agissaient pour leur propre
compte et non pour celui de ces sociétaires qui avaient déjà abandonné.

Impossible d'en prouver une plus grande quantité d'après les
dépositions à ce sujet des témoins à l'enquête. Seulement le 21ᵉ,
Pierre Rival, de La Mure, assigne un autre temps à l'extraction :
Il a dit que c'était en 1826 ou 1827 ; mais ce témoin a prouvé, en
commençant, qu'il n'avait pas beaucoup de mémoire, puisque,
contre la notoriété publique, et ce qui est convenu par les adversaires, il a déposé que les premières fouilles, entreprises par
les sieurs Day et Achard, avaient *commencé en 1815*, au lieu de
1819. Et puis, comparez son assertion positive, que ses fouilles
ont continué *jusqu'à* 1826, avec celle que l'extraction dont il
s'agit eut lieu *en 1826 ou 1827*.

Nous aurons l'occasion de revenir sur la déposition de ce témoin, et nous démontrerons que la compagnie Achard a cessé ses recherches en 1823.

Le rédacteur du Mémoire, en verve d'invention, laisse courir sa plume. Il nous parle de l'ouverture d'*un chemin de six pieds de large pour transporter les charbons*. « Cette seule opération qui » exigea beaucoup de frais, dit-il, est une preuve de l'impor- » tance des produits déjà obtenus et de la certitude de ceux qu'at- » tendait avec raison la société. Les travaux ne se bornèrent pas » à la galerie Reyjoly; un grand nombre de sondes et de puits » d'épreuve furent tentés sur d'autres points; le sol en fait foi » encore aujourd'hui. »

Il est vrai que sur une petite longueur, au plus mauvais passage, les sociétaires Achard firent pratiquer, en 1823, une espèce de sentier, en abattant les aspérités les plus saillantes du rocher. Ce travail, qui peut encore se vérifier aujourd'hui, est ce qu'ils appellent une *opération qui exigea beaucoup de frais.*

Hâtons-nous de sortir de ce grand nombre de sondes et de puits d'épreuve ! Qu'il est facile d'en faire sur le papier, même quand du contraire on rencontre à côté des preuves que nous reproduirons plus bas. Observons, pour le moment, que l'auteur, s'entourant de tout ce qui pouvait aider son imagination, n'a pas fait attention qu'en parlant de sondes, inspiré probablement par l'art. 10 de la loi du 21 avril 1810, sur les mines, qui en parle aussi, il indiquait un mode et un instrument d'exploration entièrement inconnus dans nos contrées à l'époque dont il s'occupe. Il n'y a que 3 ou 4 ans, au plus, qu'on en fait usage dans les seules mines de la Motte, exploitées par M. Giroud.

Ce qui est digne de remarque dans toute cette enfilade, c'est le vague qu'on y trouve. Qu'on ne s'attende pas à y rencontrer des dates ni un fait spécial qui soit de quelque poids ! Il fallait,

à

à toute force, pour appuyer le système des adversaires, insinuer que jusqu'aux fouilles de Baron-Faure, leurs prédécesseurs avaient toujours exploré, et préparé en quelque sorte la découverte faite par lui. Cette tâche a été le sujet d'une amplification dont nous allons trouver tout de suite le complément.

Mais vous avez beau vous escrimer en paroles, intrépides concurrens! Les faits sont là, il n'est pas en votre pouvoir de les changer.

Revenons-en toujours aux deux rapports de M. l'ingénieur en chef des mines. Ce fonctionnaire dit *que vous n'aviez fait qu'effleurer le terrain, et qu'aucun gîte n'avait été évidemment découvert ; que dans une petite ouverture il y avait effectivement une veine de charbon tendre (anthracite friable), mais qui n'était ni encaissée ni exploitable, qu'en cet état de choses il n'y avait pas possibilité d'instruire l'affaire, que les travaux de recherche n'eurent pas de suite, que cette affaire était oubliée lorsque dans le courant de 1831, la découverte réelle de Baron-Faure a fait reprendre l'instance.*

Consultons l'enquête ! Est-il un seul témoin qui ait déposé qu'avant cette dernière époque de 1831, il ait été fait une autre découverte que celle de la veine de mauvais charbon non-exploitable ?

Que vous prêtiez à rire par cette ridicule annonce d'importans produits obtenus ; passe pour cela ; mais qu'ensuite continuant du plus grand sérieux, vous veniez nous dire :

« Dès ce moment toutes les difficultés étaient vaincues, toutes
» les chances avaient cessé ; l'anthracite était là ; la galerie Rey-
» joly indiquait la direction de la couche, ainsi que les travaux
» ultérieurs qui restaient à exécuter pour recueillir les fruits des
» dépenses effectuées jusqu'à ce moment. »

Ceci dépasse la plaisanterie.

L'anthracite était là. Il n'y avait donc plus qu'à le prendre? Et vous le laissez en paix pendant dix ans. *C'est lorsque vous connaissez la direction de la couche* que vous cessez tous travaux et ne donnez plus de suite à votre demande en concession. Car, ce que vous prétendez vous avoir indiqué cette direction, ne peut être que votre petite veine de mauvais charbon non-exploitable. Or, elle était découverte en 1819 ou 1820, et en 1823 vous l'avez abandonnée, tellement abandonnée, que n'espérant plus rien de ce côté, le seul travail qu'un de vous ait fait après, isolément, est un puits d'épreuve creusé sur un point entièrement opposé, l'année de la mort de M. Achard aîné, c'est-à-dire en 1827, ainsi qu'en font foi les dépositions des 20ᵉ, 26ᵉ et 27ᵉ témoins de l'enquête (1).

L'anthracite était là, et vous ne remarquez pas que plus bas, sur ce que vous auriez ordonné ou permis d'explorer à votre prétendu ouvrier Reyjoly, vous lui faites faire une réponse dont la conséquence forcée est que vous n'espériez rien de l'endroit ou vint creuser Baron-Faure.

L'anthracite était là, et M. l'ingénieur, bien convaincu que rien ne pouvait faire penser qu'il y fut, *recevait l'assurance, ou par*

---

(1) Involontairement ou non, le sieur Pellafol, 20ᵉ, a mal indiqué la date. On doit en croire les sieurs Dufour, père et fils, qui ont eux-mêmes fait le puits, et qui, comme le précédent, sont venus déposer à la requête des adversaires; ils ont dit que c'était en l'année de la mort de M. Achard. Personne, d'ailleurs, n'a contesté ce point de fait, et il est facile de vérifier que le sieur Achard aîné est mort en 1827, et non en 1828 comme le croyaient les sieurs Dufour.

vous ou par d'autres, qu'aucun gîte n'était découvert. Ce fonctionnaire vous disait que tant qu'il n'y en aurait pas d'apparent, il était impossible d'instruire votre affaire, et vous ne vous hâtez pas de lui montrer cet anthracite *que vous saviez là.* Non-seulement vous ne le lui montrez pas, mais vous ne vous occupez plus de votre demande en concession; vous la laissez pendant plus de dix ans dans un oubli complet, où elle serait certainement encore et pour toujours, sans la découverte de Baron-Faure. C'est M. l'ingénieur en chef qui prend soin de le proclamer lui-même.

« Il ne s'agissait plus, continuez-vous, que de constater l'état
» et l'importance des travaux et la présence d'un gîte précieux;
» toutes les formalités étaient remplies, aucune réclamation n'a-
» vait été formée; l'ordonnance de concession devait nécessaire-
» ment suivre, etc. »

Les travaux! on sait suffisamment ce qu'ils étaient; nous venons de le voir bien au long.

Le gîte, dans un temps, pouvait être *précieux* en espérances, Messieurs! Certes, il est bien probable que vos devanciers comptaient sur quelque chose quand ils se mirent à faire ce que vous appelez des travaux importans, et que M. l'ingénieur dénomme tout autrement; mais l'espoir ne fut pas même de longue durée; après avoir éprouvé maintes fluctuations, il finit entièrement en 1823. Toutefois il reparut comme une ombre, en 1827, à l'un des héritiers du sieur François Achard; mais, ainsi qu'on le sait, ce ne fut pas pour le ramener du côté où se trouvait la malencontreuse veine d'anthracite friable. On détournait la vue de ce lieu de déception, et le trou que creusèrent les sieurs Dufour-Bosse en fut éloigné le plus possible.

« *Toutes les formalités étaient remplies,* » tout juste jusqu'au point où devait agir M. l'ingénieur en chef des mines, qui vous manifesta sans détour que, vu l'état des choses, il ne pouvait rien faire.

« *Aucune réclamation n'avait été formée.* » Pourquoi y en aurait-il eu alors ?

« *L'ordonnance de concession devait nécessairement suivre.* » Il n'y manquait que deux choses, d'abord une bagatelle, la présence d'un gîte qui n'était même plus en espérance ; ensuite les démarches des demandeurs qui, avec raison, ne s'occupaient plus d'une affaire où ils n'apercevaient aucun profit.

Car, fixons-nous bien sur les époques. C'est de 1828 que l'on parle ; ce qui suit nous l'indique. Depuis 1823 jusqu'alors où Baron-Faure a commencé ses fouilles, tous travaux avaient cessé. Il n'y avait eu que le puits creusé en 1827 par ordre du sieur Charles Achard, isolément. De fait, la société Achard n'existait plus, l'entreprise était entièrement abandonnée. M. l'ingénieur, dans son second rapport, le dit positivement en ces termes : « Depuis » 1821 jusqu'à 1831 je n'avais plus entendu parler de cette de- » mande, et, bien que je visse tous les ans ou le sieur Day ou » le sieur Achard, *ils ne m'avaient plus entretenu de leur pé-* » *tition.* »

Jusqu'ici nous n'avons eu qu'à relever des contes ridicules, mais la scène change, les circonstances vont devenir graves : Les sociétaires Achard continuant leur système d'impostures, et ayant cherché à l'appuyer par tous les moyens, notre devoir à nous est de le détruire en opposant la vérité au mensonge, le langage de la raison aux sophismes, et en dévoilant les manœuvres employées, quelles qu'elles soient. Nous allons avoir à révéler des faits prévus par les articles 363 et 365 du Code pénal. Haut placés, vis-à-vis nos adversaires, par la droiture de notre conduite et la pureté de nos intentions, nous dirons ce qui a eu lieu, avec le calme du bon droit et la franchise de la loyauté.

Il n'était donc plus question, depuis long-temps, de la compagnie Achard, lorsque Pierre Baron-Faure, ouvrier mineur, qui venait de perdre son emploi aux mines de M. Giroud, s'imagina d'aller tenter fortune sur la montagne de la Motte, en cherchant du charbon au mas de Sagneraux. A-peu-près à la même époque, Antoine Reyjoly, autre ouvrier mineur de la Motte-d'Aveillans, tout en allant cultiver à la pioche des terrains communaux, avait aussi essayé au même mas quelques fouilles pour son propre compte. Il y travailla encore quelque temps lorsque Baron-Faure commença. Celui-ci lui proposa de s'associer dans un but de recherches communes, et ils entrèrent en pourparler; mais n'ayant pu s'accorder sur le point où ils devaient diriger leurs travaux, il n'y eut pas d'arrangement. Aussitôt après Reyjoly délaissa son entreprise, sauf qu'en 1831 il vint faire une nouvelle tentative insignifiante sur un autre point. Baron-Faure, de son côté, persista. N'ayant d'autre nourriture que du pain noir qu'il se procurait en créant des dettes, ainsi qu'en font foi les dépositions des 1er, 16e, 18e et 38e témoins de l'enquête; seul ou aidé d'autres ouvriers qu'il soldait sur ses emprunts, ce malheureux s'épuisa en recherches pendant quatre ans, sans rencontrer autre chose qu'une petite veine non-exploitable qu'il découvrit la seconde année. Excédé de fatigues et de misère, rebuté par son mauvais destin, plusieurs fois il fut sur le point de renoncer à son entreprise; mais secouru et encouragé par ses voisins, il persévéra et parvint, en 1831, à découvrir une couche d'anthracite, de bonne qualité, dont la puissance est de trois mètres environ.

A la vue de cette richesse, Baron-Faure songea aux moyens de la mettre à profit, et s'adjoignant des associés qui pussent pré-

senter les garanties exigées par la loi du 21 avril 1810, pour obtenir la concession de la mine découverte.

Sur sa proposition, M. Lesbros, notaire, et maire de la Mure,
et les trois soussignés entrèrent en société avec lui dans cet
objet.

Alors ressuscita la compagnie Achard... Elle reparut, toutefois
mutilée et tronquée en sortant de la tombe : en tête, les sieurs
Charles Achard et Vallantin, qui n'avaient pu trafiquer de leurs
prétendus droits à la découverte, parce qu'ils se présentaient
comme héritiers sous le bénéfice d'inventaire du sieur François
Achard, leur frère et beau-frère, puis deux cessionnaires du
sieur Day. Et quels étaient ces cessionnaires ? Des habitans des
lieux, pensera-t-on, des gens pouvant agir en connaissance de
cause, et apprécier ce qu'on leur cédait, par l'expérience qu'ils
avaient de ce qui s'était passé antérieurement. Point du tout! c'é-
taient deux étrangers; l'un Suisse, le sieur Monty, établi à la
Mure depuis peu de temps, et l'autre Italien, le sieur Margary,
habitant Vizille, tous deux venus en France pour exercer l'hon-
nête profession de maçon (1). Aussitôt après les découverte de
Baron-Faure, le sieur Day s'était hâté de les subroger en son lieu
et place, moyennant la *somme de six cents francs*. Il n'était pas
question du sieur Aubaud.

Les revenans s'agitent en tout sens. Il s'agit d'enlever inopiné-
ment sa découverte à Baron-Faure. Ils reprennent aussitôt la demande en concession formée en 1819. De son côté, Baron-Faure

----

(1) Nous sommes loin de nous formaliser de ce que dans tous les écrits au
dossier de l'instance, les sieurs Monty et Margary se soient donné la qualité
d'entrepreneurs de travaux publics. Quant à ce, à leur gré! nous ne tenons
pas à si peu.

y forme opposition le 23 juillet 1831 , en sa qualité d'inventeur et d'exploitant du seul gîte contenu dans les limites du terrain demandé en concession.

Dans l'intervalle, les premiers se livrent à des voies de fait. Un dimanche matin , ils vont placer une porte fermant à clef à la galerie de Baron-Faure. Celui-ci , comme un homme à qui un tiers *aurait muré l'entrée de sa maison*, rencontrant le lendemain cet obstacle, le renversa pour reprendre son travail. Toutefois, il veut que son droit soit sanctionné par la justice ; il actionne les consorts Achard devant le juge de paix. La question était des plus claires : l'un ou l'autre était en possession et devait y être maintenu. Eh bien ! il y eut jugement le 8 août 1831, mais ni l'un ni l'autre n'eut gain de cause. Les contestans furent renvoyés devant l'autorité administrative. Les adversaires disent, page 8 , qu'en agissant ainsi, *M. le juge de paix reconnut et déclara les droits de la société Achard.*

Les sociétaires Achard appréciant bien la supériorité que sa qualité d'inventeur donnait à leur concurrent, cherchent à la diminuer par toute espèce de manœuvre.

M. Lesbros étant beau-frère de M. Giroud, concessionnaire des principales mines d'anthracite des lieux , ils pensèrent qu'on pouvait donner à entendre , pour s'intéresser le public et les autorités, que ces alliés colludaient dans un même intérêt , et que la concession sollicitée pour Baron-Faure , l'était de fait pour M. Giroud , afin d'empêcher toute concurrence au débit du charbon. Aussitôt les voilà en campagne, parcourant les cantons de la Mure, de Vizille et du Monestier-de-Clermont , avertissant les habitans de la prétendue collusion, les alarmant sur leurs intérêts , et par là les amenant à mettre leur signature sur des adresses et pétitions à ce sujet. C'est de ces pièces qu'il est ques-

tion à la page 31 du Mémoire, où l'on dit hypocritement « et si
» nous retraçons des calculs et des plaintes dont le but est cer-
» tainement de prouver la nécessité de la concurrence, *c'est que*
» *nous avons appris* que ces plaintes ont été consignées dans des
» pétitions revêtues des signatures d'une masse d'habitans recom-
» mandables des cantons de la Mure, de Vizille et du Monestier-
» de-Clermont, adressées à M. le Préfet du département. »

Comme le conseil municipal de la Motte-d'Aveillans avait à dé-
libérer sur la préférence à donner à l'une des offres d'une redevance en faveur de la commune, sur la surface du terrain exploitable, faites par les deux sociétés en concurrence, des lettres
anonymes, retraçant la collusion prétendue, furent adressées à
tous les membres du conseil pour les engager à voter en faveur
de la compagnie Achard, et lui donner la préférence. Le contraire étant arrivé, on s'en prit au maire de la commune, contre
lequel on déclama au moyen d'une lettre signée de quelques conseillers municipaux qui n'avaient pas assisté à la délibération, et
insérée au journal le Dauphinois. M. le maire se hâta de répondre dans le même journal aux imputations absurdes que cette
pièce contient (1).

---

(1)   La Motte-d'Aveillans, le 8 décembre 1832.

Monsieur le Rédacteur,

Voici ma réponse à la lettre contenue dans le Dauphinois du 5 décembre
courant, au sujet d'une assemblée du conseil municipal de la commune de la
Motte-d'Aveillans, *tenue le 7 ou le 8 novembre dernier.* Je vous prie de vouloir bien l'insérer dans votre plus prochain numéro.

Repoussant comme elles le méritent les imputations purement gratuites de
basses manœuvres et de compérage que cette lettre contient contre moi, et
sans m'arrêter à l'absurde assertion du port d'une délibération au marché de

A

A la suite de cette réponse, les adversaires prétendent qu'il aurait été publié une autre lettre par les conseillers municipaux; ils vont même jusqu'à donner la copie de cette prétendue lettre sous la date du 18 décembre, à la page 71 de leur Mémoire; mais nous déclarons de la manière la plus positive que cette pièce n'a jamais été publiée. On peut dès-lors la considérer comme entièrement supposée. Ceci paraîtra peut-être étonnant : patience! on en verra bien d'autres.

Ce fut alors que parut sur la scène le sieur Aubaud fils. C'est lui qui a joué le rôle le plus actif dans ce que nous venons de décrire.

Voilà bien des menées, mais tout cela ne faisait pas que la com-

---

la Mure, puisqu'on ne saurait assigner aucun but à cette démarche, je fais savoir que la délibération incriminée, dans quelque sens qu'elle eût été prise, ne pouvait ni plus ni moins contribuer à la baisse du charbon de pierre. En effet, il s'agissait uniquement de donner un avis sur un objet relatif à la demande en concession de mines de charbon, formée en même temps par deux sociétés opposées. Les demandeurs de chaque part n'ayant rien de commun avec le concessionnaire des autres mines de ce genre qui existent à la Motte, sont, par conséquent intéressés, les uns comme les autres, à tirer partie de la mine à concéder, en la mettant en concurrence avec celles concédées.

Tout autre motif aurait donc dû baser l'opinion des délibérans : des deux sociétés en instance, l'une est formée du nommé Baron-Faure, ouvrier, inventeur de la mine, et d'autres particuliers qui, pour la plupart, habitent comme lui la commune; l'autre se compose d'actionnaires dont aucun n'appartient à la Motte-d'Aveillans, et dont deux ne sont pas même citoyens français. Entre deux offres d'une redevance en faveur de la commune, sur la surface du terrain exploitable, fallait-il donner la préférence à celle supérieure de la première société ou à celle inférieure de la seconde? Voilà quelle était la question à décider. Une première délibération sur ce point avait réuni l'unanimité des membres présens en faveur des consorts Baron-Faure. Si la seconde n'a pagnie Achard eût continué ses travaux, qu'elle eût opéré quelque découverte utile, que Baron-Faure ne fut pas l'inventeur de la mine pour son propre compte. Il restait toujours ce que nous avons dit plus haut à ce sujet. Comment détruire ces faits ou y créer un contrepoids? Les membres de cette compagnie n'hésitèrent pas long-temps sur les moyens.

Ils avaient appris les fouilles qu'avait faites Antoine Reyjoly. Les sieurs Charles Achard, Monty et Margary allèrent à cet homme, et lui demandèrent l'achat de sa conscience dans l'intérêt de toutes les faussetés qu'ils méditaient. Reyjoly écouta la voix de la corruption, et reçut pour mentir et se parjurer, 150 fr., non pas en deniers comptans, mais en un billet que lui passèrent solidai-

---

pas eu le même résultat, on doit en voir la cause dans une circonstance qui, en accusant un peu la crédulité des membres du conseil, n'a rien que de très-louable pour leur amour du bien public. Je veux parler de certaine lettre anonyme, sentant terriblement celle dont je m'occupe, qui fut adressée dans le temps à chacun d'eux. On y insinuait que les personnes en évidence dans la société Baron-Faure n'étaient que des prête-noms, et que le seul intéressé de ce côté était, en réalité, le propriétaire des anciennes mines de la Motte, que prendre une délibération qui lui fût favorable, ce serait vouloir perpétuer le monopole du charbon au profit d'un seul contre tous.

Des suppositions contre des faits vrais et patens, des machinations qui ont besoin du voile de l'anonyme, des misérables calomnies publiées à dessein contre un fonctionnaire! ne voit-on pas percer dans tout cela non pas l'intérêt général, comme on le dit, mais l'intérêt privé, l'intérêt de propriété à la chose qui fait assembler le conseil municipal? Que mes compatriotes n'en soient plus dupes! Je m'adresse principalement aux signataires de la pièce que je réfute, car je n'en impute à aucun d'eux la conception ni le but criminel.

Agréez, Monsieur le Rédacteur, etc.

BERTIER, *Maire*.

rement les trois honnêtes solliciteurs. Il s'agissait d'attester qu'à proprement parler il n'y avait pas eu cessation de recherches de la part de la compagnie Achard, que celles entreprises par Reyjoly en 1827 et 1831, l'avaient été pour elle et dans son intérêt, etc. Le suborné a bien gagné le salaire du crime ; il en a donné de toutes les façons, et des certificats et des dépositions, rien n'a manqué.

Il signa d'abord un certificat à la date du 6 mai 1833, transcrit à la suite du Mémoire des adversaires, sous le n° 2. Que l'on examine cette pièce ! de peur de quelques remords, on s'assura de sa conduite à l'enquête, en lui faisant dire, par écrit, qu'il affirmerait ses attestations *par serment !!*

D'un autre côté, Baron-Faure, plus d'un an avant d'entreprendre ses recherches, avait été dans le cas de faire route avec le sieur Day pendant près d'un quart-d'heure, en revenant, sur le soir, de travailler aux mines de M. Giroud. Cette dernière circonstance, comme on peut s'en douter, fournit matière à la conversation : on parla des mines, du nombre d'ouvriers qui y étaient employés, et par suite des anciennes fouilles que Day avait faites au mas de Sagneraux et de leur mauvais succès. Lorsque Baron-Faure eut commencé ses travaux, il rencontra un jour Day au marché de La Mure, et faisant allusion à la conversation qu'ils avaient eue ensemble, il lui apprit par occasion son entreprise. Day, qui certainement n'en augurait rien de bon, lui souhaita bonne réussite, en en parlant comme d'une chose qui ne l'intéressait plus. « *Soyez* » *plus heureux que nous et faites votre fortune, lui répéta-t-il sou-* » *vent, personne ne vous empêchera. Seulement, à raison de ce* » *que j'avais fait ci-devant, si vous venez à découvrir quelque chose,* » *un filon exploitable, vous me donnerez du charbon pour ma con-* » *sommation, deux sacs par semaine.* » Cette demande ne fut pas faite du ton le plus sérieux, parce que, comme nous l'avons dit, Day ne concevait aucune espérance de succès. Néanmoins, Baron-Faure répondit que s'il était heureux il lui donnerait bien les deux sacs de charbon.

Voilà ce qui se passa entre ces deux personnes, et ce dont Baron-Faure a toujours convenu. Voilà pourquoi, après qu'il eut trouvé la couche d'anthracite de trois mètres, il dit, dans différens entretiens sur cette découverte, et en présence de M. l'ingénieur en chef des mines, qu'il en devait donner deux sacs par semaine au sieur Day. En homme loyal il voulait tenir sa promesse, bien qu'elle n'eût pas de cause réelle; mais ce n'était plus de cela qu'il s'agissait pour le sieur Day.

Il préféra avoir de suite 600 fr. en passant une cession dont l'objet déterminé ne pouvait être que la rente hebdomadaire dont il vient d'être question, reposant uniquement sur la promesse verbale de Baron-Faure, mais dont l'objet éventuel étaient de bien plus grands bénéfices que pourraient faire naître la mauvaise foi et les machinations en tout genre dont ne s'est pas fait faute la compagnie Achard.

Quelque minime que soit le prix de la cession, il paraît que ceux qui le payèrent le trouvèrent encore trop fort pour acquérir à tous risques et périls, sans que le sieur Day leur fût au moins de quelque secours dans la poursuite de la belle chance. Il se porta d'abord leur conseil dans l'instance en justice de paix qui amena le jugement du 8 août 1831, et plus tard il parut comme témoin des cessionnaires en sous ordre, dans l'enquête du 16 juin 1833. C'est ici le lieu de le remarquer; dans cette enquête, les sociétaires Baron-Faure oublièrent d'apprendre à M. l'ingénieur en chef la première circonstance, que personne ne pourra nier.

Comment faire pour capter l'éventualité en perspective, intéressant les acquéreurs du sieur Day, comme les sieurs Achard et Vallantin, qui durent se réunir dans un but commun?

Devant le juge de paix, les assignés, qui n'avaient pas encore mûri leurs moyens, se bornèrent à dire que s'ils avaient fermé la galerie de Baron-Faure, ils en avaient le droit, parce que ce dernier ne l'avait établie que comme leur ouvrier.

Mais de quelle manière donner crédit à cette assertion? Baron-Faure n'avait jamais reçu un denier de salaire du sieur Day ni d'aucune autre personne. Aucun des membres de la société Achard ne lui avait donné le moindre ordre, le moindre avis, la moindre indication sur les différens travaux qu'il avait faits, d'après ses seules idées, pour arriver à la découverte. Aucun de ces membres n'avait même jamais vu ces travaux. Baron-Faure seul avait engagé et payé avec ses propres deniers les différens ouvriers qui l'avaient aidé; seul, il s'était prévalu du charbon provenant de l'exploration, sans que jamais il eût été question, le moins du monde, de la compagnie Achard. Il était impossible de démontrer quelque chose qui fût contraire à tout cela. Aussi les adversaires ne l'ont-ils pas entrepris.

Ils aperçurent une ressource dans la promesse des deux sacs de charbon par semaine. Ils crurent trouver là leur cheval de bataille. En torturant de toutes les manières, faussant, dénaturant ce pacte d'un genre particulier, ils espèrent suppléer à ce qui leur manquait pour exécuter leur projet de spoliation. Ils combinent les moyens qu'ils en font d'écouler avec ceux résultant de la subornation de Reyjoly.

Ici le lecteur aperçoit le motif de ce qui a été dit page 4 du Mémoire réfuté, et répété plus loin, au sujet du marché, reconnu impossible, que les explorateurs seraient dans l'usage de faire avec les ouvriers qu'ils emploient.

Voyons les explications des adversaires dans l'intérêt de leurs manœuvres ! Nous lisons pages 5 et 6 de leur Mémoire :

« La société continuait ses travaux, lorsque en 1828, le nommé
» Baron-Faure, ouvrier mineur, sans autre ressource que ses
» bras, se présenta au sieur Day, et le pria de l'employer. Ce
» dernier y consentit sur ses vives instances : ici les circonstances
» deviennent remarquables dans tous leurs détails : Day lui déclara
» que l'ordonnance de concession n'étant point encore rendue,
» il n'avait besoin que d'un petit nombre d'ouvriers pour suivre
» le développement des travaux ; que la place était occupée par
» Reyjoly, qui en effet travaillait dans la galerie à laquelle nous
» avons donné son nom plus haut. Baron-Faure offrit de travailler
» sur le même pied que Reyjoly, promettant de se payer par
» les produits, et de plus il s'engageait à acquitter, en faveur de
» Day, une rétribution de deux sacs de charbon par semaine, tant
» que l'exploration durerait ; au moyen de quoi il pourrait faire
» de nouvelles fouilles, sous la réserve, dans son intérêt comme
» dans celui de Day, que cet arrangement serait de nulle valeur
» lorsque le gîte serait plus riche et de nature à être exploité en
» grand, en vertu de la concession à intervenir. »

Belle invention, ma foi ! Machiavel n'aurait pas mieux trouvé. Nous démontrerons l'impossibilité d'un semblable marché. Nous ferons ressortir tout ce qu'il y a d'absurde dans ces prétendues conditions.

Cependant, nous voulions que la justice de notre cause apparût dans tout son jour à l'autorité administrative qui devait peser nos droits ; nous désirions que les habitans de la contrée, bien au courant de ce qui s'était passé, vinssent attester dans une enquête ce que nous avons exposé relativement aux travaux de chacun. Dans cet objet, nous adressâmes en mars 1833, à M. le préfet de l'Isère, une demande spéciale qui est jointe au dossier ; car, qu'on le sache bien, c'est nous qui avons sollicité l'enquête et non les sociétaires Achard, comme ils voudraient le faire croire à la page 11 de leur Mémoire.

Nous savions bien la torture que se donnaient les adversaires ; nous avions bien acquis la certitude et les preuves de la subornation de Reyjoly ; mais ces considérations ne nous arrêtèrent pas ; nous pensâmes, avec raison, que la vérité percerait toujours malgré les obstacles sans nombre dont on cherchait à l'entourer.

L'enquête demandée fut faite le 16 juin 1833, sur les lieux contentieux, par M. l'ingénieur en chef des mines : trente-huit témoins furent entendus. On peut voir ses résultats ; la copie s'en trouve tout au long à la suite du Mémoire des adversaires. On s'assurera si, comme le disent ceux-ci, nous n'avons fait paraître que des témoins insignifians.

Reyjoly, amené par les sociétaires Achard, ne faillit pas à l'engagement qu'il avait pris ; il débita la déposition qu'on lui avait tracée. A ce sujet, nous fîmes une protestation motivée qui se trouve à la fin du procès-verbal d'enquête. Dans la discussion à laquelle nous nous livrerons plus tard, nous aurons lieu d'examiner, d'une manière toute particulière, ce témoignage, et l'on verra de quel côté ont été les manœuvres.

Mais en attendant nous ne pouvons passer sous silence les faussetés et calomnies sans nombre qui se rencontrent encore dans le Mémoire. Il paraît que nos adversaires, mettant en œuvre la maxime de don Bazile, ont pensé qu'il en resterait toujours quelque chose. Il ne sera pas difficile de faire qu'il n'en reste rien.

C'est ainsi qu'ils se donnent des airs de bienfaisance, en disant qu'ils ont accueilli Baron-Faure lorsqu'il venait d'être renvoyé d'une exploitation voisine. On ne verra là qu'une transition pour arriver au beau conte touchant les deux sacs de charbon, et avancer que cet ouvrier travaillait pour le sieur Day ou la société Achard. Nous avons dit et nous démontrerons qu'il a entrepris ses fouilles pour lui et sans demander permission ni conseil à personne. Les adversaires se proclament bienfaisans : dans quel but? Pour dépouiller leur prétendu protégé.

Nous trouvons après : « Baron-Faure (ce sont eux qui parlent)
» exploita assez long-temps encore dans la galerie Reyjoly ;
» mais comme les couches du gîte s'inclinaient à mesure qu'il les
» poursuivait, que dès-lors les eaux n'avaient plus d'écoulement
» possible par l'entrée de cette galerie, il comprit, suivant l'usage
» connu des moindres ouvriers mineurs, qu'il fallait venir atta-
» quer la masse d'anthracite qui lui échappait, en pratiquant une
» galerie inférieure, et du côté où se dirigeait l'inclinaison des
» couches. Reyjoly avait voulu lui-même l'entreprendre, mais
» il avait été arrêté par la pensée que ce droit excédait les con-
» ditions de l'autorisation qu'il tenait du sieur Day ; ce fut même
» sa réponse à une proposition que lui fit Baron-Faure pour exé-
» ter ce travail de société. »

Il est faux que Baron-Faure ait jamais travaillé dans la galerie dont on parle , qui n'existait plus lorsqu'il commença. Plus bas , les adversaires essaient de prouver leur assertion, en invoquant des témoignages qui , comme nous le verrons , établissent précisément qu'il se livrait à des recherches sur un coteau éloigné de 25 mètres de cette galerie éboulée. Ce sont ces recherches qui ont amené sa découverte , directement au-dessous.

Les adversaires se trouvant dans l'impossibilité de disconvenir qu'aucun des membres de la société Achard n'avait abordé les travaux de Baron-Faure et de Reyjoly , qu'aucun ne s'était plus
occupé

occupé depuis 1823, de ce qui se passait au mas de Sagneraux , tentent d'y donner une explication , page 7 , dans les termes suivans :

« A cette époque , le sieur Achard , l'un des sociétaires , était
» décédé. Ses héritiers n'avaient pu encore s'immiscer dans une
» succession dont les affaires embarrassées , arrêtées par une
» masse menaçante de créanciers et de discussions judiciaires à
» subir , exigeaient une sage circonspection. Le sieur Aubaud ,
» autre associé , était dans un état de santé et dans une position
» de fortune que vinrent aggraver des malheurs qui l'ont engagé
» à quitter son pays , et qui ne lui permirent plus de s'occuper
» de la conduite que tenait le sieur Faure. Son fils , jeune homme
» qui depuis a dû venir réclamer ses droits à une découverte qui
» a absorbé une grande partie de la fortune de son père , était
» alors absent. Enfin, l'âge avancé du sieur Day (il compte plus
» de quatre-vingts ans), le rendait peu propre à cette surveil-
» lance. »

Nous répondrons que la circonspection qu'avaient à garder les héritiers Achard , ne pouvait aller jusqu'à s'exonérer d'actes d'administration et de surveillance , dont la loi fait une obligation aux héritiers bénéficiaires. Et ensuite qu'on accorde le motif qui les aurait empêchés de visiter les travaux, avec le fait du creusement d'un puits d'épreuve par le sieur Charles Achard , tout juste après le décès de son frère ! bien qu'en faisant cet essai il ait agi pour lui seul, sans songer à la compagnie qui n'était plus.

Le sieur Day, à la vérité , n'est plus jeune, non que nous le croyions aussi âgé que le disent les adversaires ; mais pour démontrer qu'aujourd'hui même il est loin d'être impotent, il suffira de faire savoir qu'il n'y a pas une année qu'il a cessé ses fonctions d'huissier , que jusqu'alors il a toujours voyagé soit à pied soit à cheval pour les différens actes de son ministère , qu'il s'est présenté à l'enquête , devant la mine , et qu'à présent il s'occupe encore d'arpentage. Outre cela , qu'on ne perde pas de vue sa qualité de géomètre souterrain qui aurait dû lui attribuer la principale direction des travaux qu'aurait entrepris la société Achard.

Quant au sieur Aubaud , il n'a quitté le pays qu'à la fin de 1829 ou au commencement de 1830. La considération tirée de son état de santé est sans le moindre fondement. Ce qu'il y a de sûr , c'est que , jusqu'à sa disparition , à raison de son âge peu avancé et surtout de son tempérament , on l'a toujours vu à la Mure , faisant preuve d'une vigueur et d'une vivacité peu communes. Mais depuis 1823 , ainsi que ses anciens associés , ce n'était plus de charbon qu'il s'occupait : sa petite fortune , y compris la valeur de son titre d'huissier , ont été absorbés et au-delà , non point par des recherches d'anthracite , mais par l'entreprise d'une fabrique de tuiles et de poterie , à laquelle il sacrifia son état et qui opéra sa ruine en deux ans. Ce fait est de notoriété publique.

Nous sommes provoqués à faire une remarque , relativement à la présence du sieur Aubaud fils dans la société Achard. *Il a dû , expose-t-on , venir réclamer ses droits à une découverte qui a absorbé une grande partie de la fortune de son père.* D'abord , nous ne démêlons pas bien , eu égard à ce qui suit et à ce qui précède , si on veut parler de droits à lui ou de droits appartenant au père. Toutefois , nous jugeons , par tout ce qui a été dit et fait jusqu'à présent , qu'on les attribue au fils en les faisant dériver du père. Dans ce cas , ce doit être en vertu d'une transmission quelconque ou d'un mandat, car le sieur Aubaud père est vivant et a nombre d'autres enfans. On n'a rien expliqué à cet égard.

Si nous faisons cette observation, c'est uniquement pour ajouter une nouvelle preuve à tout ce que nous avons déjà dit sur l'extinction de l'ancienne société Achard, car le fils Aubaud ne justifiant d'aucun titre qui le mette au lieu et place de son père, on doit croire que celui-ci, gardant le silence, a persisté depuis 1823 dans cette idée, que l'abandon des travaux a opéré la dissolution de la société formée en 1819. Ajoutons qu'il n'était question ni de l'un ni de l'autre, au commencement de l'instance en concurrence, et que l'association du fils ne nous a été révélée qu'à la retraite des sieurs Monty et Margary, quoique plus d'un an auparavant il fût de retour à la Mure.

Interprétant à leur gré un arrêté de M. le préfet de l'Isère, concernant l'exploitation sous la date du 24 mai 1833, les adversaires en font ressortir cette déclaration absolue, que Baron-Faure n'était pas même en droit de faire des recherches, puisqu'il n'avait jamais demandé ni obtenu aucune permission de l'autorité.

Une pareille doctrine irait contre la lettre de la loi du 21 avril 1810, qui dispose formellement qu'on peut faire des recherches, avec le consentement du propriétaire, et nous établirons que Baron-Faure avait ce consentement, mais telle n'a point été la pensée de M. le préfet, ainsi que chacun peut s'en convaincre, et ainsi que ce magistrat a pris soin de le déclarer dans une lettre explicative, du 8 juillet suivant, provoquée à la suite de la violation flagrante de l'arrêté, par les consorts Achard.

Abordons le plus effronté comme le plus perfide des mensonges :

« L'on y retrouve même, disent les pamphlétaires, pages 8 et » 9, en parlant de la galerie de Baron-Faure, dans une percée

» qui se dirige sur la droite, du côté de la galerie Reyjoly, un
» éboulement venant de la partie supérieure, qui démontre la
» communication matérielle des travaux des deux galeries, et
» que Baron-Faure a bouchée avec des pierres et des étais. A me-
» sure que cet ouvrier poursuivait dans la nouvelle galerie la cou-
» che déjà découverte dans la première, il retirait les bois qui
» soutenaient celle-ci et il laissait ébouler les travaux précédens,
» cherchant ainsi à effacer la trace qui l'avait dirigée dans son
» exploitation, etc. »

M. l'ingénieur, dans son second rapport, et les adversaires,
page 6 de leur mémoire, nous apprennent que la galerie dont il
s'agit, est distante de l'ancienne, délaissée en 1823, de 25
mètres.

Serait-ce pour démontrer la communication matérielle dont ils
parlent, que ces derniers auraient jugé à propos de donner dans
leur factum un plan visuel des deux galeries, où l'on remarque
une transversale communiquant de l'une à l'autre ? Eh bien !
nous déclarons que ce plan est un objet de pure invention ; nous
disons qu'il est de toute impossibilité de reconnaître aujourd'hui
les traces de l'exploitation du petit filon d'anthracite friable, par
l'ancienne galerie dont il est question, éboulée bien avant l'entreprise de Baron-Faure, et qu'il est faux qu'on trouve dans l'enquête aucun témoignage relatif aux directions de cette galerie,
comme on ose l'écrire à la légende de ce plan. A tant de manœuvres on voudrait ajouter celle de séduire par les yeux ; on ne sera
pas dupe de ce nouveau moyen de déception.

Aucune communication n'existait de l'ancienne à la nouvelle galerie ; nous défions les adversaires de prouver le contraire. Il est
survenu en effet un éboulement dans la dernière, mais il provient
de la rencontre d'un puits creusé très-anciennement par d'autres

que les sieurs Day et Achard , car on sait bien à la Motte que
ceux-ci n'ont pas été les premiers à fouiller à Sagneraux. A différentes époques reculées on y avait creusé des puits d'épreuve ou
d'exploitation, suivant l'usage d'alors. La plupart des habitans
ont bien connu un nommé Gabriel Reynier-Gagnon , du hameau
des Buttarias , et Jean Gaillard Minet, père de deux témoins de
l'enquête , qui y avaient travaillé il y a plus de quarante ans.

Que dire de cette assertion, que Baron-Faure retirait les bois
de l'ancienne galerie pour la faire ébouler et en effacer la
trace ?

On sait qu'elle était éboulée bien avant ses recherches. Pour en
prendre les bois enfouis et épars , si Baron-Faure eût été dans le
cas de s'en servir , il aurait fallu des travaux qui les auraient ren-
dus trois fois plus chers qu'ils ne vallaient ; mais, outre cette circonstance , Baron-Faure n'en avait pas besoin pour sa dernière
galerie , qui est toute dans le rocher ou dans l'anthracite. On n'y
aperçoit que quelques étançons sous l'éboulement du puits , et ils
ont été fournis en même temps que d'autres , employés dans ses
travaux supérieurs , par le sieur Jean-Baptiste Berthier , 5ᵉ témoin , qui l'a attesté dans l'enquête.

On voit qu'une aveugle méchanceté a pu seule suggérer des calomnies si faciles à détruire.

Un peu plus bas, on s'évertue sur la circonstance que dans le
principe les associés de Baron-Faure n'auraient pas pris qualité en
l'instance.

Ce n'est là qu'une omission , un laissé-aller qui a pu être préju-
diciable à la société , parce que les adversaires n'auront pas
manqué de l'exploiter ; mais ils savent bien, eux, que ces associés , dès leur début et dans toutes les démarches , se sont toujours donnés pour ce qu'ils étaient. Le public ne l'ignore pas non

plus , et M. l'ingénieur en chef le prouve dans son premier rapport où il dit à la fin : « les uns et les autres (les demandeurs en
» concurrence) ont des associés depuis la découverte du gîte.
» Ils ne figurent pas dans les différentes pièces du dossier, *mais*
» *ils me sont parfaitement connus.* »

Mais voilà que les associés de Baron-Faure sont accusés de
lui avoir caché qu'une indemnité de 1800 francs lui avait été
allouée. On ne cite pas le titre; il faut recourir à ce que dit le
sieur Aubaud à la suite d'un procès-verbal , copié page 75 (1),
pour apprendre que ce serait en vertu d'une délibération du
conseil général des mines des 20 *et* 27 février 1832. Nous ferons ,
quant à ce , les observations suivantes , qui sont dignes de remarque.

Nous déclarons d'abord que nous n'avons pas encore vu cet
arrêté, si arrêté il y a. La première fois que nous l'avons entendu
citer , c'est à la suite du procès-verbal. Le sieur Aubaud eut occasion d'en reparler devant la mine , au moment de l'enquête ,
en présence de M. l'ingénieur *qui dit n'en avoir pas connaissance.*
Nous témoignâmes toute notre surprise sur l'obscurité de cette
affaire, et M° Luc, conseil des sociétaires Achard , dit que
l'arrêté en question se trouvait à la préfecture; mais, s'il existe,
comment M. l'ingénieur n'en a-t-il pas eu connaissance dans le
temps ? Comment surtout n'a-t-il pas été communiqué directe-

---

(1) Ce procès-verbal constate de nouveaux actes de violence de la part des
sociétaires Achard : profitant du moment où Baron-Faure cessa ses recherches en suite de l'arrêté de M. le Préfet du 24 mai, qui défendait tous travaux
aux deux compagnies , ils vinrent eux-mêmes changer la serrure de la porte
de sa galerie pour en avoir la clef, et violer l'arrêté en creusant un puits à
quelque distance.

ment à Baron-Faure? Nous en sommes encore à vouloir pénétrer le mystère.

Dans tous les cas, notre avis est que pour lors comme aujourd'hui, la somme qu'il déterminerait est bien loin d'être le prix des droits de Baron-Faure, sans qu'on puisse prétendre tirer parti contre lui ni contre ses associés d'une question insidieuse qui lui fut faite à ce sujet, à la suite du procès-verbal cité, pour en obtenir une réponse irréfléchie dans un moment où, intimidé par son isolement au milieu de deux de ses adversaires et du parent d'un autre (le sieur Eugène Andrieu est neveu du sieur Caral), il était en outre égaré par l'ennui et le dégoût dont on l'abreuvait.

Cette question, hors de propos, ne fait que confirmer davantage que les membres de la compagnie Achard, avaient recours à toute espèce de moyens répréhensibles, au risque de se contredire, ce qui leur est arrivé souvent, et même d'oublier parfois cette invention, le pivot de leur système, savoir : que Baron-Faure n'avait été que leur ouvrier; car est-il possible de concilier la question dont il s'agit avec ce que les sieurs Achard et Aubaud répondent un peu plus haut dans le même écrit, *qu'ils ont lieu d'être étonnés qu'un de leurs ouvriers se permette de faire dresser des procès-verbaux contre eux ?*

Enfin nous arrivons à la discussion des moyens de nos adversaires ; elle fait l'objet de trois propositions et se fonde nécessairement sur les récits fabuleux que nous venons de réfuter. Inutile, par conséquent, de les suivre dans leurs raisonnemens. Ils ont pu faire découler tous les droits imaginables de leur exposé de faits, mais la base détruite, l'édifice croule. Ne faisons donc que continuer à signaler et prouver le mensonge là où, dans la reproduction continuelle de ce que nous avons vu jusqu'à présent, ils ont cru devoir accroître et renchérir.

Nous n'avons pas besoin de revenir pour le moment sur ce que les sociétaires Achard prennent occasion de nous redire sans cesse, qu'ils ont exécuté des recherches constantes depuis 1819 jusqu'en 1831, que Baron-Faure n'a pas découvert la mine pour lui, et maintes autres choses semblables. Nous avons rétabli la vérité sur tout cela, et nous n'en sommes pas encore au point où nous compléterons par la discussion la preuve des principaux faits qui s'y rattachent. Cette preuve se fondera pour beaucoup sur l'enquête, bien que les adversaires allèguent en passant, que les témoignages y contenus iraient jusqu'à confirmer un de leurs plus gros mensonges, la continuation des recherches. Mais cette pièce n'a pas besoin de commentaire, chacun peut la lire et la méditer.

Nous ne nous arrêterons pas non plus sur ce qu'ils avancent, qu'en admettant la découverte de Baron-Faure, ils auraient toujours sur lui la priorité de l'exploration d'un gîte suffisant pour motiver la concession. Ce gîte, nous en avons assez parlé; nous avons assez répété avec M. l'ingénieur en chef des mines, qui y revient à plusieurs reprises dans ses deux rapports, qu'il n'était pas exploitable et ne pouvait donner lieu à une concession. *Ils le disent eux-mêmes, page 21, à propos du marché supposé de Day.*

En vain, les adversaires voudraient-ils le multiplier, ce gîte; en vain prétendent-ils que des renseignemens erronés auraient caché à M. l'ingénieur, lors de son second accès de lieu, qu'ils avaient fait des découvertes dans l'intervalle de 1820 à 1831; impossible d'en démontrer d'autre. Il faut toujours en revenir aux seuls documens qui doivent désormais faire foi à cet égard, les deux rapports de M. l'ingénieur des mines, que nous avons suivis, et l'enquête, que nous analyserons.

A

A propos de toutes ces répétitions, il n'y a qu'une fausse insinuation à relever et un fait assez remarquable à faire ressortir :

On voudrait faire croire, page 14, que M. l'ingénieur des mines se serait mépris ou aurait été induit sur la position de M. Lesbros, et des sieurs Aimé Reynier et Reynier notaire, à l'égard de Baron-Faure, et que ce fonctionnaire les aurait regardés, lors de son second accès de lieu en 1831, comme des personnes entièrement étrangères à l'affaire en litige, dont les dires et renseignemens auraient eu pour lui l'effet du témoignage de gens désintéressés.

Nous l'avons déjà dit : M. l'ingénieur des mines lui-même a attesté le contraire, précisément dans le premier rapport qui suivit cet accès de lieu.

Au paragraphe suivant, nous lisons :

« Peut-être objectera-t-on qu'à l'époque de cet accès de lieux
» de 1831, les parties intéressées et leurs conseils étaient pré-
» sens, que nos prédécesseurs auraient pu et dû éclairer sur
» les faits que nous avons dévoilés aujourd'hui ? Nous répondrons
» que s'ils furent présens ils ne purent pas faire connaître la vé-
» rité, parce que, nouveaux ayant-droit des anciens explora-
» teurs et demandeurs, *ils ne connaissaient pas les lieux et les*
» *travaux antérieurs à ceux de Baron-Faure, et qu'ils ignoraient*
» *toutes les principales circonstances que, depuis, la voix pu-*
» *blique est venue nous révéler.* »

Nous le demanderons au bon sens public : que dire, que penser de contestans qui, loin d'apprécier l'étendue, ne connaissent pas même l'existence de l'objet matériel sur lequel ils se fondent ?

Quels sont ces explorateurs qui ne savent rien des travaux qu'eux, leurs frères ou leurs cédans auraient fait opérer, et qui ont besoin de la voix publique pour les en instruire (1). Combien de réflexions naissent de cette quasi-ingénuité ! De combien d'instructions n'abonde-t-elle pas ?

Les sociétaires Achard voudraient tirer un grand parti de la permission d'explorer que leurs prédécesseurs auraient obtenue de la préfecture le 9 juin 1819, c'est-à-dire neuf ans avant les travaux de Baron-Faure, et douze ans avant sa découverte ; ils prétendent que celui-ci n'ayant point été autorisé par l'administration à faire ses recherches, ne peut être déclaré inventeur de la mine ; et, à raison de ce, ils se livrent à des raisonnemens risibles. Pour qu'on puisse en juger tout d'abord, ne faisons qu'indiquer le point d'où ils partent, la base sur laquelle ils se fondent : c'est un article de loi que, dans la circonstance, ils ont trouvé tout simple de refaire pour eux :

L'art. 10 de la loi magistrale du 21 avril, disent-ils, page 17, pose en principe, *en règle de prohibition absolue*, « que nul ne peut faire
» de recherches de mines, enfoncer des sondes ou tarières, qu'avec
» l'autorisation du gouvernement et à la charge d'une préalable
» indemnité en faveur du propriétaire du terrain, et après que ce
» dernier aura été entendu. »

Eh bien ! voici le texte de l'art. 10 de la loi du 21 avril 1810 :
« Nul ne peut faire des recherches pour découvrir des mines, en-
» foncer des sondes ou tarières *sur un terrain qui ne lui appartient*
» *pas, que du consentement du propriétaire de la surface, ou avec*
» *l'autorisation du gouvernement donnée après avoir consulté l'ad-*

______

(1) Nous sommes bien loin d'admettre que la voix publique ait été ainsi officieuse envers nos adversaires.

» *ministration des mines*, à la charge d'une préalable indemnité
» envers le propriétaire et après qu'il aura été entendu. »

Le moyen de nos adversaires n'est-il pas bien trouvé? Qu'on
admire la conception! Mais pourquoi ont-ils sauté de distance en
distance ces mots : *Sur un terrain qui ne lui appartient pas , que
du consentement du propriétaire de la surface, donné après avoir
consulté l'administration des mines?* C'est que les premiers contra-
rient leur règle de prohibition absolue; les seconds consacrent les
droits de fouille de Baron-Faure, qui avait le consentement non-
seulement tacite, mais encore exprès du propriétaire, ainsi que nous
l'établirons, et les derniers décèlent quelque peu l'irrégularité de
leur permission de 1819, qui n'en était pas une, et qui d'ailleurs
aurait été périmée depuis long-temps.

Voici venir une proposition en ces termes : *Baron-Faure n'était
que l'ouvrier de Day.*

Les moyens à l'appui? ils sont déjà connus. On répète la sornette
préparée à la page 4, que le sieur Day, *suivant un usage assez général*, faisait avec des ouvriers un marché à forfait dont le résultat,
en cas de découverte, était pour ceux-ci le droit d'exploiter la
mine tant que les eaux pourraient s'écouler par la galerie ouverte.
Puis on en fait l'application à Reyjoly et à Baron-Faure, en s'appuyant pour le premier, sur sa déposition (1), et pour le second,
sur la promesse de deux sacs de charbon. On prend même occasion de dire que Reyjoly est *consciencieux*.

Nous avons assez démontré l'absurdité, l'impossibilité du mar-

---

(1) En démontrant la subornation de Reyjoly, il nous sera facile de détruire ce qu'avancent les adversaires dans leur note page 20, relativement à un
certificat signé pour Baron-Faure par ce même Reyjoly. Que diront-ils quand
ils apprendront qu'au lieu d'un il en a signé deux pour le même?

ché dont on parle de nouveau; mais, si nos yeux ne nous trompent pas, nous lisons que « ce mode d'employer les ouvriers est attesté » par les 19ᵉ, 20ᵉ, 21ᵉ, 30ᵉ 32ᵉ, 33ᵉ et 36ᵉ témoins, comme par Reyjoly lui-même. » Voyons donc l'enquête.

Le 19ᵉ témoin est le sieur Day lui-même. On ne doit pas tenir compte d'une déposition qu'il a faite dans sa propre cause, c'est-à-dire dans l'intérêt de la cession par lui passée. Après avoir fait entrevoir à ses acquéreurs une éventualité résultant de la mauvaise foi, qui a dû faire considération dans le prix; après leur avoir donné des moyens pour la suivre et la saisir; après avoir appuyé et plaidé ces moyens en justice de paix, en qualité de conseil de ces mêmes acquéreurs, a-t-il pu, dans l'enquête, rendre un témoignage qui soit de la moindre considération? Encore, le sieur Day ne parle-t-il nullement de cela dans sa déposition : il suppose un gîte quelconque découvert quand vint fouiller Baron-Faure, en disant qu'un prétendu arrangement, décrit à sa manière, serait de nulle valeur quand le gîte serait de nature à être concédé; mais rien de relatif au mode en général d'employer les ouvriers.

Les autres témoins indiqués par leurs numéros, qui sont les sieurs Pellafol, Pierre Rival (de La Mure), Étienne Gaillard dit Minet, Meillan-Rey, Laye et Bertranon, dont nous aurons occasion de discuter encore le témoignage dans une autre occurrence, n'en parlent pas davantage. Qu'on lise leurs dépositions!!!

Le sieur Pellafol, après avoir dit « que Reyjoly avait commencé » des travaux, et qu'il ne savait pas s'il était l'ouvrier de la com- » pagnie Achard ou s'il travaillait pour son compte, ajoute que » Reyjoly avait deux réclamations à faire, *d'après son dire*, à la » compagnie Achard, *et qu'il avait pris du charbon pour se* » *payer*, etc. »

Serait-ce de ces derniers mots que les adversaires inféreraient l'attestation dont ils parlent? Mais cette partie de la déposition du sieur Pellafol s'accorde avec celle d'Etienne Gaillard dit Minet, 30e témoin, ainsi relatée :

« Dépose qu'en 1820 ou 1823, il ne se rappelle pas l'année,
» Reyjoly lui avait proposé de travailler ensemble; qu'en consé-
» quence ils avaient fait une galerie *à leurs périls et risques*, *de*
» *26 toises de longueur;* que M. Aubaud était venu les chasser,
» en prenant du charbon (deux cents sacs); qu'ils les avait
» fait remplacer par trois autres ouvriers ; qu'immédiatement
» après ils furent trouver M. Achard pour régler ; mais qu'ensuite
» du retard, ils revinrent travailler dans la galerie où ils avaient
» cessé d'extraire, *M. Aubaud n'ayant point fait d'opposition;* que
» le charbon extrait leur avait tenu lieu de salaire. »

On le voit : c'est à cette époque de 1820 ou 1823 que se rapporte ce qu'a dit le sieur Pellafol. La déposition de Gaillard-Minet démontre, à ne pas en douter, qu'alors déjà les explorations au mas de Sagneraux n'étaient plus suivies par la compagnie Achard, puisque lui et Reyjoly vinrent y creuser une galerie de 26 toises, *à leurs périls et risques*, c'est-à-dire pour eux, sans l'ordre ni la permission de personne, et amassèrent 200 sacs de charbon. Ce combustible extrait excita la cupidité du sieur Aubaud qui vint s'en emparer, en chassant les deux ouvriers. Ceux-ci firent des tentatives auprès du sieur Achard pour obtenir quelque dédommagement de leurs travaux ; ils amenèrent même plusieurs fois le sieur Aubaud devant le juge de paix (ce fait, attesté par le sieur Gaillard-Minet, n'est pas consigné); mais tout fut inutile. N'ayant plus rien à espérer, ils revinrent de leur chef extraire du charbon à leur profit, sans que le sieur Aubaud, qui avait abandonné, y mît opposition.

Certes , ces ouvriers dépouillés , obligés de se payer de leurs mains après le travail effectué, ne concourent pas à démontrer les prétendus marchés à forfait dont il s'agit.

Il n'y a pas d'explication à donner, quant à ce, sur aucune des dépositions des quatre autres témoins ; on n'y trouve rien qui puisse appuyer l'assertion impudente que nous réfutons. Le sieur Rival, seulement, a parlé des deux sacs de charbon promis par Baron-Faure, d'abord d'une manière et ensuite d'une autre. Nous verrons plus tard quelle foi on doit ajouter à son témoignage ; mais ce qui a été dit en dernier lieu de la déposition du sieur Day, relativement à l'allégation combattue, est entièrement applicable à celle de Rival, qui en est une imitation maladroite.

Puisque nous venons de transcrire le témoignage d'Etienne Gaillard-Minet, consignons sur-le-champ une remarque qui en découle :

Ce témoin a parlé d'une galerie de 26 toises : eh bien ! cette galerie est la seule et unique que puisse invoquer la compagnie Achard ; c'est celle où se trouvait la petite veine d'anthracite friable, celle dont on nous a entretenus si souvent et qu'on citera nombre de fois encore, comme s'il y en avait eu plusieurs ; c'est la seule, et cependant elle est le fruit d'une spoliation au préjudice de deux ouvriers qui n'ont pu retirer un denier de dédommagement, bien qu'on leur eût pris en même temps le combustible extrait. S'ils se sont payés de leurs mains, c'est de leur chef, lorsque l'exploration était au premier occupant, comme elle était déjà lorsqu'ils allèrent faire la galerie. Les deux cents sacs de charbon sont la presque totalité de 3 à 400 quintaux *enlevée en une fois par le sieur Aubaud...*

Malgré l'idée qu'on a pu se former en commençant, de la fausseté des adversaires, on n'aurait pas pensé qu'ils allassent, comme ils le font, jusqu'à invoquer dans leurs mensonges des témoignages de l'enquête qui n'y ont aucun rapport ou qui établissent tout le contraire. Nous venons d'en voir quelque chose , mais suivons :

« La plupart de ces témoins et d'autres encore , disent-ils , at-
» testent que Baron-Faure succéda à Reyjoly dans la première
» galerie de 26 toises, et qu'il y exploita même pendant assez
» long-temps (3e, 16e, 25e et 33e témoins).

Ouvrons l'enquête ! Nous trouvons dans la déposition du troisième témoin, le sieur Jean-Baptiste Berthier , « que Baron-
» Faure vint travailler , il y a cinq ou six ans , *un peu au-dessus*
» de la galerie principale qui existe aujourd'hui. »

Dans celle du 16e , Frédéric Fayolle : « Qu'il avait vu travailler
» Baron-Faure dans la galerie principale, et au-dessus, quelque
» temps auparavant. »

Dans celle du 25e , Reyjoly, le témoin acheté : « Celui-ci
» (Baron-Faure) remplaça Reyjoly dans les travaux de ce der-
» nier. »

Et dans celle du 33e , le sieur Laye : « Immédiatement après ,
» Reyjoly est venu reprendre les travaux , et enfin Baron-
» Faure. »

Les mots : *peu au-dessus* , du sieur Berthier , ceux : *au-dessus* , *quelque temps auparavant* , du sieur Fayolle , sont en lettres italiques dans la copie de l'enquête , à la fin du mémoire. Il faut inférer de là que, suivant les adversaires, ce sont ces mots qui, avec le sujet et le verbe , signifient tout à la fois : « *Baron-Faure* » *succéda à Reyjoly dans la première galerie de 26 toises , et y* » *exploita même pendant assez long-temps.* »

Nous ne pouvons nous résoudre à leur donner une pareille extension ; nous croyons tout bonnement que les témoins en question ont voulu dire que Baron-Faure travaillait directement au-dessus de sa galerie , à une plus ou moins. grande élévation du coteau , parce qu'il est de fait que ses principales fouilles , dont il existe encore de nombreuses traces , ont été dirigées sur ce point et qu'il n'a jamais travaillé dans la galerie creusée en 1820 ou 1823 , qui avait existé à plus de 25 mètres de là et qui était éboulée depuis long-temps , lorsqu'il commença son entreprise.

Reyjoly a dû accomplir sa tâche ; mais encore en disant que Baron-Faure vint le remplacer dans ses travaux , il n'exprime pas que celui-ci ait travaillé à la galerie abandonnée en 1823. Cette galerie , nous le répétons , n'existait plus , lorsque Baron-Faure commença. Tout ce qu'avait fait Reyjoly en 1827 et 1831 , lorsqu'il vint explorer dans son propre intérêt et à ses périls et risques , est une petite ouverture de trois ou quatre toises de profondeur , au-dessus de l'ancienne de 26 toises , dans le but de prendre ce qui pouvait rester de la petite veine d'anthracite friable , et quelques trous peu profonds de l'autre côté de la montagne , c'est-à-dire en face des premiers travaux , sur un point opposé. C'est le produit du restant de la petite veine , que le 28e témoin , Joseph-Reynier Portier , lui a vu descendre. Mais ce n'était pas là le but de l'entreprise de Baron-Faure ; tous ses projets , tous ses efforts étaient dirigés sur le coteau où existe la mine découverte et où l'on aperçoit encore les vestiges de très-anciens travaux. Plusieurs puits et nombre de petites galeries qu'il pratiqua successivement , finirent par lui indiquer l'anthracite , qu'il vint ensuite saisir plus bas.

Quant au sieur Laye , nous avons copié dans sa déposition tout ce qu'il y a de relatif à Baron-Faure. Nous ne pensons pas qu'il soit besoin d'explication.

Nous lisons encore : « Baron-Faure avait le droit de faire des fouilles

» fouilles et de prendre pour son salaire tout le produit de son
» travail, à la charge de remettre à Day, pour son tiers seule-
» ment, deux sacs de charbon par semaine ; cet arrangement
» devait être de nulle valeur dès que le gîte serait de nature à
» être concédé.

» Cet accord verbal est le fait le mieux attesté qui existe dans
» la cause : par les aveux même de Baron-Faure et par les té-
» moins, notamment les 19e, 20e, 21e, 24e, 28e, 33e et 34e. »

Ainsi qu'on l'a vu, le 19e témoin est le sieur Day lui-même ;
le sieur Rival, son second, dépose dans le même sens que lui.
Les cinq autres parlent bien du charbon promis, mais, loin d'attester que ce fut le prix d'un marché tel que l'expliquent les adversaires, la plupart confirment ce que nous avons dit à ce sujet.
Les dépositions de tous ces témoins seront suivies et discutées
plus bas. Quant aux aveux de Baron-Faure, on les connaît : après
sa découverte il fit part de sa promesse, qu'il était bien disposé à
remplir.

Mais qu'avancent les adversaires, page 22, *que nous avons dit
quelque part que Day avait donné à Baron-Faure une autorisation
illimitée d'exploiter ?* Pourquoi ce vague ? que ne citent-ils quand
et comment nous l'avons dit ? La cause en est simple, c'est encore
là une de leurs nombreuses inventions.

La seule pièce où nous ayons parlé de la promesse de charbon
faite par Baron-Faure au sieur Day, est une pétition du 5 juillet
1833, adressée à M. le préfet, relativement à l'arrêté concernant
l'exploitation. Là, raisonnant sous la forme hypothétique, nous
nous exprimions ainsi : « Et si, comme le prétend la société
» Achard, Baron-Faure s'est soumis à fournir à Day, l'un de ses
» membres, une redevance de deux sacs de charbon par se-

» maine, pour donner à ce prétendu traité une interprétation
» raisonnable , il faudra nécessairement reconnaître que Day ,
» agissant dans cette circonstance pour le compte de la société , a
» entendu lui céder tous les droits que celle-ci, malgré son aban-
» don de tous travaux, depuis environ 4 ans (on comptait de la
» cessation des travaux de cette société , au commencement de
» ceux de Baron-Faure) , croyait encore prétendre sur la mine
» recherchée.

Notre opinion a toujours été que Baron-Faure n'a jamais eu besoin de l'autorisation du sieur Day pour entreprendre des recherches et exploitations , et que ce dernier n'avait rien à permettre
ni à défendre quant à ce. Si Baron-Faure , lorsqu'il eut commencé
ses travaux , lui a promis du charbon en cas de réussite , on sait
de quelle manière et à l'occasion de quoi. Cette promesse, qui ne
peut constituer une obligation légale ni une obligation naturelle ,
n'a d'autre garantie d'exécution que la loyauté de Baron-Faure ,
par suite de ce sentiment qui fait que l'homme à l'ame haute ne
saurait manquer à un engagement pris, quand même il est gra-
tuit et n'a aucune cause.

Si le sieur Day , de son côté, en provoquant cette promesse ,
en la sollicitant expressément , après qu'il eut souhaité bonne fortune à Baron-Faure , croyait donner l'équivalent à celui-ci, ce ne
peut être que des droits semblables à ceux énoncés dans la pétition.

Nous sortons de la proposition énoncée et tombons sur une autre de même force , dont voici le texte : *En réalité , Baron-Faure
n'a aucun mérite d'invention , il n'est pas l'inventeur.*

Et vite l'on débute par proclamer la galerie Reyjoly , comme si
on devait la nier. On en a assez parlé pour que tout le monde sache que cette galerie a existé en 1823. Il était inutile d'invoquer,

quant à ce , les dépositions de 11 témoins , dont quelques-uns , seulement , ont précisé une galerie , et dont plusieurs n'ont pas parlé du tout des travaux de la compagnie Achard. Il était peu séant , en même temps, de citer le témoignage d'Etienne Gaillard-Minet , qui n'a pu en parler qu'en faisant savoir qu'elle n'était pas l'œuvre de cette compagnie, dont il n'avait point à se louer.

Viennent ensuite de sonores affirmations que la couche exploitée par Baron-Faure est la même que celle qu'on exploitait dans la galerie Reyjoly , que ce fait a frappé les nombreux spectateurs de l'enquête , qui ont visité les travaux , que M. l'ingénieur a vu la démonstration matérielle de l'identité de la couche , *que cette identité était un fait connu avant les travaux de Baron-Faure ,* d'après la connaissance du gîte que présentait la galerie Reyjoly. On cite une seconde fois la version de Reyjoly , appropriée à la circonstance : « *que s'il avait cru en avoir la permission, il aurait* » *attaqué la couche de la même manière que Baron-Faure.* »

« Il est impossible , dit-on , de reproduire sous la plume l'é-
» loquence du témoignage des lieux ; il suffit d'avoir vu leur phy-
» sionomie pour sentir , sans aucun raisonnement , que dès l'in-
» stant que la galerie Reyjoly avait révélé la présence du gîte ,
» la découverte tout entière était consommée. » On prend occasion de là pour avancer de nouveau que Baron-Faure avait travaillé dans l'ancienne galerie , que l'inclinaison des couches s'enfonçant dans la terre à mesure qu'on avançait , le défaut d'écoulement des eaux ne permettait plus d'exploitation. On veut encore insinuer que l'éboulement survenu dans la galerie Baron-Faure provient de l'ancienne qui , dit-on, s'enfonçait en inclinant vers le nord-est. « Dès-lors , ajoute-t-on , le raisonnement le
» plus simple et l'expérience de tous les jours de l'ouvrier mineur,
» indiquait à coup-sûr qu'on rencontrerait la couche tout entière

» en pratiquant, à quelques mètres de la galerie Reyjoly, de
» nouveaux travaux placés à un niveau un peu inférieur, et de
» manière à obtenir l'écoulement qu'on ne trouvait plus dans la
» galerie supérieure. »

D'abord, fixons-nous bien sur ce point, que la galerie Reyjoly, puisqu'on a voulu l'appeler de ce nom, était abandonnée
dès 1823; qu'étant éboulée lorsque vint Baron-Faure, il n'y a
jamais travaillé, et que les dépositions ci-dessus analysées, des
sieurs Jean-Baptiste Berthier, 3ᵉ témoin, Frédéric Fayolle, 16ᵉ,
tout comme celle du 5ᵉ, Michel Savin, établissent que les premiers travaux de Baron-Faure ont eu lieu au-dessus de celle actuellement existante, à 25 mètres de la première, travaux qui
amenèrent la découverte au-dessous, tandis qu'il ne résulte d'aucune déposition qu'il se soit occupé dans l'ancienne galerie. Il est
donc contraire à la vérité de dire que c'est pour avoir travaillé à
cette ancienne galerie que Baron-Faure a été amené à faire la
nouvelle.

Lorsqu'on sait que la découverte faite par la compagnie Achard,
en 1819 ou 1820, n'était que d'une couche d'anthracite friable,
de trois ou quatre pieds, mélangée d'argile schisteuse, ainsi que
l'a déclaré officiellement M. l'ingénieur des mines, après vérifi-
cation faite, qui croira tout ce qu'on dit de ces nombreux spectateurs, frappés du fait que cette couche était la même que celle
d'anthracite de bonne qualité, ayant une puissance trois fois plus
grande, rencontrée par Baron-Faure à 25 mètres plus loin? Qui
le croira surtout d'une époque où l'on ne pouvait plus faire de
comparaison, attendu qu'il ne restait alors qu'une galerie, celle
de Baron-Faure? Mais il est vrai qu'en fait de comparaison nos
adversaires n'ont pas besoin de deux termes : ils devinent l'identité avant qu'il y ait lieu de la vérifier, c'est du moins le privi-

lége qu'ils attribuent à deux de leurs témoins, d'abord le sieur Rival, 21ᵉ, qui, se perdant un peu dans sa préparation, parla de l'identité des deux couches, pour dire après qu'il n'était jamais entré dans les travaux de Baron-Faure, puis Reyjoly, l'intelligent et......

Ah! si on l'avait laissé faire, s'il en avait eu la permission, Reyjoly aurait attaqué la couche tout comme Baron-Faure. Cet homme *intelligent* devait être au-dessus *du raisonnement le plus simple, de l'expérience de tous les jours de l'ouvrier mineur*, mais le sieur Day mit obstacle à ses projets.

Le sieur Day, géomètre souterrain, directeur obligé des fouilles, en sait donc moins à ce sujet que le plus simple des ouvriers? Attendons, le sieur Day lui-même va nous faire savoir par sa déposition, que loin d'avoir dirigé les recherches de Reyjoly, il ne savait pas même que cet ouvrier en eût entrepris.

N'omettons pas *l'éloquence du témoignage des lieux, leur physionomie démontrant toute la découverte consommée dans le gîte de la galerie Reyjoly !*

Eh quoi! pourrions-nous dire de nouveau, une découverte importante, consommée depuis dix ans, qui n'a encore donné aucun produit! une couche non-exploitable en révélant infailliblement une autre que, pendant autant de temps, on n'aurait pas voulu mettre au jour! Mais laissons cela, M. l'ingénieur des mines va tout apprendre sur ce point :

« Remarquons bien, dit ce fonctionnaire dans son second
» rapport, *que Day et Achard n'ont rien découvert dans leurs
» propres travaux ;* que le gîte de Reyjoly avait été épuisé avec
» une puissance de 3 ou 4 pieds de charbon, mélangé souvent
» d'argile schisteuse, et que, suivant toutes les probabilités,
» *sans Baron-Faure, le gîte qui a été mis au jour par lui serait*

» *encore à découvrir ;* que suivant toutes les apparences , et at-
» tendu que les affleuremens à la surface sont presque nuls , *il*
» *aurait échappé à toutes les investigations.*

» Que les travaux de Reyjoly , quand ils auraient été vus par
» un ingénieur expérimenté , *il n'y aurait pas eu possibilité de*
» *juger* qu'à 25 mètres de distance un gîte de 3 à 4 pieds au-
» rait pris une extension de 8 à 9 pieds, avec une grande régu-
» larité dans les salbandes. »

Voilà la réfutation la plus complète et la plus péremptoire de
tout le fatras que nous venons d'examiner.

Nous n'avons rien à y ajouter, si ce n'est un nouveau démenti
bien formel à l'assertion reproduite que l'éboulement survenu
dans la galerie de Baron-Faure provenait de l'ancienne.

Il est faux que cette ancienne galerie s'enfonçât en inclinant
vers la nouvelle. Ainsi qu'on l'a vu , elle en était distante de
25 mètres et ne tendait pas du tout à s'en rapprocher en avançant.
On peut voir, quant aux travaux tant anciens que nouveaux, le
croquis qu'en a fait M. l'ingénieur dans son second rapport, bien
que pour ceux de l'ancienne galerie, il n'ait pu se diriger que sur
des présomptions. Nous avons indiqué plus haut d'où provenait
l'éboulement.

Ce que c'est que la vérité! On a beau vouloir la cacher, elle
échappe toujours sans qu'on s'en doute : les adversaires nous en
donnent un exemple en terminant le développement de leur seconde proposition.

Se livrant à des considérations sur Baron-Faure, ils font remarquer, page 25, que « la présence seule et la certitude d'un gîte ex-
» ploitable pouvait engager un simple ouvrier, sans autre ressource
» que ses bras, à poursuivre un travail assez considérable, en

» s'abstenant d'en retirer, jour par jour, le salaire que réclamaient
» des besoins impérieux. »

Grand merci, Messieurs de la compagnie Achard ! Après avoir
remplacé *la présence et la certitude* par *l'espoir*, expression plus
véridique en ce cas, nous n'avons plus la peine de faire nous-
même un argument, bien simple et bien naturel, il est vrai,
que vous nous offrez pour votre invention sur la promesse des
deux sacs de charbon; car nous ne pouvons penser que ce que
vous venez de dire soit pour convaincre que Baron-Faure, privé
de ressources, ne recevant aucun salaire, consumât son petit patrimoine et ses forces pour l'honneur de découvrir une belle couche d'anthracite au sieur Day, honneur toutefois qu'il aurait encore acheté au moyen d'une rente de ce combustible, exigible
avant qu'il fût mis au jour.

A propos d'une troisième proposition, il entre dans le plan des
adversaires d'avancer que Baron-Faure a amélioré sa position en
opérant ses recherches. « Il est positif, disent-ils, page 29, que
» l'exploitation à laquelle il (Baron-Faure) s'est livré à notre dé-
» triment, a été lucrative, et tout le pays en a la preuve sous les
» yeux dans *l'espèce d'aisance* qu'il a acquise aujourd'hui dans sa
» position d'ouvrier, tandis qu'il était dans un dénuement absolu
» avant cette exploitation. »

Nous répondrons, nous : Il est positif que Baron-Faure, avant
son entreprise, gagnant sa journée aux mines de M. Giroud, exploitant en même temps son petit patrimoine, était aussi heureux qu'on peut l'espérer dans sa position, tandis que depuis
qu'il a commencé ses recherches, il s'est créé de nombreuses
dettes qui absorbent son avoir, et qui, sans les secours de ses
associés, l'auraient peut-être déjà privé de son asyle.

Pourrait-il en être autrement? Un ouvrier ayant besoin du

produit de son travail pour vivre, qui, non-seulement va l'employer plusieurs années sans salaire, mais encore qui s'adjoint d'autres ouvriers auxquels il est obligé de payer de fortes journées, ainsi que cela n'est point contesté, et que l'attestent les 5ᵉ, 9ᵉ, 12ᵉ, 13ᵉ, 15ᵉ, 17ᵉ et 24ᵉ témoins de l'enquête. Aussi Baron-Faure, durant ses travaux, était-il dans un dénuement absolu ; rien ne le prouve comme les dépositions des 1ᵉʳ, 16ᵉ, 18ᵉ et 38ᵉ témoins.

Prétendrait-on que la vente de la houille, extraite en sondant la découverte, a dû le dédommager? Voyons ce que dit à cet égard M. l'ingénieur dans son second rapport :

« L'exploitation de la houille ou la vente par les deux compa-
» gnies n'a jamais été considérable, *ou plutôt il n'y a jamais*
» *eu qu'une exploration*. Le procès-verbal d'enquête ne donne
» pas rigoureusement le chiffre pour la compagnie Achard.

» Celui pour la compagnie Baron-Faure est de 1600 sacs de-
» puis 1827 jusqu'à ce jour. (Le sac pèse 75 kilog., ce qui fait
» 1200 quint. métriques.) Cette quantité me paraît en harmonie
» avec le vide des travaux intérieurs. »

Que voyons-nous encore? Les mots *intrigues*, *manœuvres* employés contre nous ; on écrit que Baron-Faure a été abusé; on voudrait déverser le blâme sur la conduite franche et généreuse d'un citoyen recommandable et assez connu.

Les malheureux! Pourquoi faut-il qu'en nous citant une délibération du conseil municipal de la commune de la Motte-d'Aveillans, dont hypocritement ils disent ne pas connaître la date, après l'avoir écrite dans une lettre copiée à la fin de leur Mémoire, ils nous forcent à leur répéter qu'il n'y a eu d'autres manœuvres employées auprès de ce conseil qu'une missive anonyme remplie d'insinuations

sinuations mensongères, adressée à chacun des membres qui le composent, dans l'intérêt de la compagnie Achard?

Pourquoi faut-il que sur ce qu'ils disent des désaveux et des plaintes publiées dans un journal, nous leur répétions qu'ils ont supposé une lettre; qu'ils donnent la copie d'une prétendue lettre qui, contrairement à ce qu'ils avancent, n'a jamais été publiée?

Pourquoi faut-il qu'en reproduisant un de leurs contes les plus absurdes, la coalition de la compagnie Baron-Faure avec le concessionnaire des principales mines du pays, ils se fassent répondre que cette prétendue coalition fut par eux-mêmes inventée comme moyen de réussite ; que pour lui donner crédit et s'en servir auprès des autorités, ils la formulèrent dans des adresses et pétitions sur lesquelles ils sont parvenus à faire apposer quelques signatures à force de courses dans trois cantons différens, d'alarmes répandues, et de manœuvres employées auprès des gens crédules?

Pourquoi faut-il, enfin, qu'en les défiant de justifier aucune de ces vagues injures, nous leur rappelions que nous avons écrit et que nous prouverons qu'ils comptent parmi eux un suborneur, et que toute leur compagnie profite d'une subornation?

Dans leurs odieuses insinuations contre M. Lesbros, ils ne voient pas qu'ils nous fournissent l'occasion de proclamer la belle conduite en cette occurrence de cet homme estimable que ne sauraient atteindre leurs insultes.

M. Lesbros, libre et indépendant par sa fortune, entra dans la compagnie Baron-Faure moins par esprit de spéculation que pour fournir à cet ouvrier un appui et une garantie de plus dans la concession qu'il allait solliciter, et contre la spoliation dont on entreprenait de le rendre victime. Il y entra; mais, fatigué des calomnies qu'on répandait contre lui, craignant que sa présence, à la manière dont l'exploitaient les adversaires, ne nuisît à Baron-Faure au lieu de le servir, il s'en est retiré au mois de juin dernier, renonçant non-seulement à tous ses droits comme associé, mais encore abandonnant à Baron-Faure toutes les sommes et avances qu'il lui avait fournies.

Le tout résulte positivement d'une lettre jointe au dossier, lue par M. l'ingénieur des mines le jour de l'enquête, en présence des membres des deux compagnies. Cette lettre, dont on voudrait arguër la forme, a tout le caractère officiel, et renferme les énonciations les plus expresses relativement à son objet.

Les adversaires vont jusqu'à exploiter cette circonstance que Baron-Faure, non absent, était représenté à l'enquête par le fils d'un des associés. (Pages 36 et 37.)

Les gens bien intentionnés ne s'offusquent pas d'une semblable mesure ; mais veut-on en connaître le motif? Il est dans les méfaits que nous allons bientôt montrer dans tout leur jour :

La société prévit que Baron-Faure, cet homme de la nature, pourrait bien ne pas être assez maîtrisé par ce sentiment qu'en pareille occurrence, tant dans l'intérêt de la cause qu'en considération des autorités qui siégent, on doit être calme et impassible, même en se convainquant des faits les plus honteux. Il fut donc représenté par un mandataire, assez à propos peut-être; car ils doivent se rappeler, ceux qui incriminent cette démarche, si, comme spectateur, Baron-Faure put toujours se contenir en écoutant la déposition de Reyjoly, ainsi que celles des sieurs Day et Rival, de la Mure; ils ne sont pas sans un reste de l'impression que durent produire en eux ses bonds d'indignation au récit du témoin suborné. On ne peut présumer le contraire, surtout si l'on rapproche de ces manifestations le moment où les membres de la compagnie Achard et leur conseil laissèrent voir à nu aux assistans leur embarras et leurs craintes , en s'opposant de toutes leurs forces à ce que M. l'ingénieur entendît un témoin sur un fait qui concourait à prouver la subornation : l'existence d'un billet qui en était le prix.

Si ce même mandataire a agi pour Baron-Faure dans les pièces produites en l'instance, c'est que ce dernier ne sait pas signer. Un semblable mandat, dans l'un et l'autre cas, est-il possible d'en abuser contre celui qui l'a donné, au profit de son associé? Leurs intérêts sont-ils différens ? Au lieu d'avoir un procureur fondé à part, Baron-Faure ne pourrait-il pas être représenté dans une raison et par une signature sociales qu'exercerait et donnerait un seul de ses consorts? Oui , certainement. Cela serait bien plus fort qu'un mandat exercé à part par un parent de ces derniers.

Si envers le public nous consentons à donner ces explications à raison des perfides remarques de nos adversaires, ce n'est pas sans répondre à ceux-ci que , dans tous les cas , Baron-Faure ayant pu apprécier ses associés avant de se les être adjoints, a une entière confiance en eux, et qu'il pourrait bien ne pas en être ainsi à l'égard de ceux qui feignent d'y voir un préjudice à ses intérêts.

Le pamphlet aurait manqué son but, si les adversaires ne se fussent livrés à des *considérations tirées de la position respective des concurrens*. Ainsi, ils font remarquer, page 35, « que le sieur » Aubaud est le fils de l'un des plus anciens explorateurs et in— » venteurs du gîte à concéder; que son père a consumé dans ces » recherches la plus grande partie de sa fortune; que deux , les » sieurs Vallantin et Achard, sont les héritiers d'un autre an— » cien inventeur, qui a fait aussi, dès l'origine, *des dépenses con-* » *sidérables*; que les deux autres sont acquéreurs des droits du » sieur Day et en ont payé un prix important. »
Tandis que du côté opposé rien ne saurait inspirer de l'intérêt :

un ouvrier et d'avides spéculateurs qui viennent exploiter les chan-
ces qu'ils ont supposé exister en sa faveur.

A la page 37, nous lisons : « Mais si nous avions à examiner
» ces garanties (les garanties sociales), nous pourrions, sans
» crainte d'être démentis par toute la contrée, déclarer que s'il
» était vrai que M. Lesbros eût cessé de faire partie de nos adver-
» saires, il n'en existerait plus de suffisantes dans leur société. »

On connaît les exploits du sieur Aubaud père comme explorateur dans l'ancienne société Achard. Ce n'est pas en prenant l'ouvrage fait et le charbon tiré qu'il a pu consumer une partie de sa
fortune, non plus qu'aucun des autres membres de cette société;
car tous les travaux par elle effectués, même en y comprenant le
plus important et pour ainsi dire le seul, la fameuse galerie de
26 toises qui a été faite, on sait comment et aux frais de qui, ne
peuvent avoir ruiné personne. Nous avons dit où le sieur Aubaud
a réellement consumé sa fortune.

Pour que le sieur Achard aîné eût fait des dépenses considérables, il aurait fallu qu'il se fût livré à des recherches à part, et
qu'il n'eût pas simplement coopéré aux travaux insignifians et nuls
de la compagnie, si ses moyens pécuniaires le lui eussent permis.

Quant au prix *important* de l'acquisition faite par les sieurs
Caral et Badier, il suffit d'en rappeler le chiffre : ce prix est de
600 *francs*, du moins c'est celui compté par les sieurs Monty et
Margary; nous ne savons s'ils ont perdu ou bénéficié en rétrocé-
dant.

Pourquoi s'intéressait-on à un ouvrier qui s'est épuisé de travail et a consumé son avoir pour arriver à une découverte utile
au pays? Et ses associés méritent-ils plus d'égards?

En ce qui touche nos garanties sociales, nous pouvons, les
premiers, donner un démenti à ce que déclarent nos adversaires,

et *toute la contrée* confirmera ce démenti. Mais ce n'est point là une manière de procéder. Ces garanties résultent légalement des titres et documens que nous avons produits au dossier. Nous en fournirons de nouveaux et de plus amples, s'il en est besoin.

De leur côté, les adversaires, pour mieux faire ressortir leur supériorité à ce sujet, pourront ajouter aux pièces qu'ils ont produites le billet souscrit au profit du témoin Reyjoly par les sieurs Charles Achard, Monty et Margary.

DISCUSSION.

A défaut de droits réels à la mine à concéder, les sociétaires Achard en ont cherché de factices. Tous leurs moyens n'ont dû être que fraudes et mensonges. Les deux principaux sont : L'achat du témoin Reyjoly et le conte arrangé en ce qui touche les deux sacs de charbon promis à Day par Baron-Faure. Démasquons ces turpitudes, montrons la vérité !

Nous l'articulons positivement sous notre responsabilité :

Reyjoly a été suborné à prix d'argent par les sieurs Charles Achard, Monty et Margary, ces deux derniers cédans des sieurs Caral et Badier, pour, contrairement à la vérité, certifier par écrit et attester, sous la foi du serment, dans l'enquête qui a eu lieu, qu'il avait travaillé pour la compagnie Achard à des recherches et exploitations de mines au mas de Sagneraux, postérieurement à 1823.

En voici la preuve :

Le 26 juillet 1831, Antoine Reyjoly signa avec le maire, l'adjoint et trente-trois principaux habitans de la Motte-d'Aveillans, un certificat pour Baron-Faure (1).

----

(1) « Nous Maire et habitans de la commune de la Motte-d'Aveillans sous-

54

Le 11 août même année, Antoine Reyjoly signa encore avec le maire, l'adjoint et vingt-quatre principaux habitans de la même commune, un second certificat pour Baron-Faure (1).

» signés, attestons et certifions qu'il est de notre parfaite connaissance que
» depuis environ quatre ans Pierre Baron-Faure, propriétaire, mineur de
» profession, demeurant dans cette commune, a constamment travaillé à la
» montagne de Senepy, dépendant de la commune de la Motte-d'Aveillans,
» au mas appelé *Sagneraux*, pour rechercher les mines de houille qui peuvent
» exister dans cette partie de montagne, et que par l'effet de ses travaux, *qu'il*
» *a faits pour son propre* compte, il est parvenu à découvrir, au moyen d'une
» galerie pratiquée dans le rocher, un filon de houille dont la puissance est
» d'environ trois mètres, et qu'il jouit paisiblement et sans trouble de cette
» galerie depuis plus d'un an.

» En foi de quoi nous avons signé le présent pour servir à ce que de raison.

» La Motte, le vingt-six juillet mil huit cent trente-un. — Ainsi signé à
» l'original, Berthier, maire; Pierre Baron, A. Bethoux, J. Rivail, A. Rivail,
» Antoine Chion, F. Berthier, P. Salicon, *Antoine Reyjoly*, Jean Bouchayer,
» J. B. Berthier, J. Eymery, Reynier, Antoine Fayolle, Chossut Perret, Jean
» Reynier, Pierre Dufour, François Reynier, Jean Reynier, Joseph Reynier
» cadet, Reynier, Et. Gaillard, Berthier, Battail, J. Salicon, J. Berthier,
» J. Fayolle, Jean Fayolle, P. Fayolle, Bethoux, adjoint, Germain Bonne,
» Dufour, J. F. Dufour, Germain, Saint-Maximin, J. B. Alloird.

» Vu par nous maire susdit pour légalisation des signatures ci-dessus.

» BERTHIER, maire.

» Vu pour copie conforme, à Grenoble, le 29 juillet 1831.

» Le préfet de l'Isère, signé GASPARIN. »

(1) « Nous soussignés, Maire, adjoint et habitans de la commune de la Motte-
» d'Aveillans, attestons et certifions qu'il est de notre connaissance que Michel
» Day, huissier du canton de la Mure, prenant la qualité de géomètre souter-
» rain, demeurant autrefois à La Mure, et actuellement à Pierre-Châtel, et sieur
» François-Antoine Achard, actuellement décédé, de son vivant propriétaire,

Alors, les sociétaires Achard n'avaient pas encore mis en œuvre la corruption. Reyjoly, livré à sa seule conscience, certifiait la vérité avec nombre d'autres habitans de la Motte ; mais le temps amena un grand exemple d'immoralité.

» domicilié dans la commune de la Motte-Saint-Martin, canton de La Mure,
» n'ont jamais fait que quelques *légères fouilles et recherches* sur la montagne
» de Senepy, dépendant de la commune de la Motte-d'Aveillans, pour dé-
» couvrir les mines de houille qui pourraient y exister et dont ils avaient de-
» mandé la concession en l'année mil huit cent dix-neuf ; *qu'ils avaient même*
» *entièrement abandonné leurs travaux qui n'avaient produit aucun résul-*
» *tat utile ; que ce n'est qu'au moment où ils ont appris que Pierre Baron-*
» *Faure, à la suite de travaux et fouilles faits pour son propre compte pen-*
» *dant quatre ans consécutifs, était parvenu à découvrir un filon de houille ;*
» que Charles Achard, l'un des héritiers bénéficiaires de François-Antoine
» Achard, et les sieurs Barthélemy Monty, tailleur de pierre, suisse d'origine,
» demeurant à La Mure, et Pierre Margary, piémontais d'origine, maçon,
» demeurant à Vizille, se disant cessionnaires du sieur Day, *ont voulu déspos-*
» *séder Baron-Faure et s'emparer de vive force de la galerie qu'il a ouverte*
» *sur ladite montagne au mas de Sagneraux, et le priver par ce moyen du*
» *fruit de ses travaux.*
» En foi de quoi nous avons délivré le présent pour servir à ce que de droit.
» La Motte-d'Aveillans, le onze août mil huit cent trente-un. — Ainsi signé à
» l'original, Berthier, *maire* ; F. Bethoux, *adjoint* ; J. Berthier, Saint-Maxi-
» min, Celsis Dufour, Miard, Pierre Baron, A. Bethoux, Berthier, Berthier,
» Antoine Chion, André Alphand, Jean Rivail, J. P. Rivail, J. Berthier, Ber-
» thier, J. Fayolle, N. Battail, J. Germain, Eymery, P. Baron, A. Rivail, Jean
» Fayolle, F. Frédéric, P. Fayolle, Etienne Oddou, *Antoine Reyjoly.*
» Vu par nous maire de la commune de la Motte-d'Aveillans pour légalisa-
» tion des signatures ci-dessus.　　　　Signé BERTHIER, *maire.*

» Vu à la préfecture de l'Isère pour légalisation de la signature de M. Ber-
« thier, maire de la commune de la Motte. — Grenoble, le 3 septembre 1831.

» Pour le préfet, *le secrétaire-général,* signé CHEMINADE. »

Le 6 mai 1833, Antoine Reyjoly seul signa un certificat contraire pour la compagnie Achard (1).

Ce certificat est entièrement opposé aux deux premiers. Nécessairement dans ceux-ci ou dans le dernier Reyjoly a menti à sa conscience. Et pour cela faire il a eu un intérêt quelconque.

Commençons par faire justice d'un pitoyable échappatoire inventé par nos adversaires et produit dans la note à la page 20 de leur Mémoire, après avoir été mis en usage par Reyjoly dans sa déposition !

Sur l'observation par nous faite alors, que ce témoin avait signé

---

(1) « Je soussigné Antoine Reyjoly, cultivateur et ouvrier mineur, demeu» rant et domicilié à la Motte-d'Aveillans, certifie et atteste à qui il appartien» dra, que depuis l'année 1819 jusqu'en 1831, j'ai continuellement travaillé,
» quelques petites interruptions à part, sur la montagne de la Motte-d'Aveil» lans, au mas dit Sagneraux, pour le compte des sieurs Achard et Day,
» à la recherche des mines de houille ; que depuis la première année, je
» trouvai un filon de houille qui variait de puissance *depuis* 1 *mètre*
» 25 *centimètres jusqu'à* 1 *mètre* 60 *centimètres*. En 1831, que je quit» tai cette galerie, elle avait environ 80 mètres de profondeur ; elle
» avait été boisée, toujours pour le compte des mêmes, par les nommés Sa» muel, Jean Tasse et le nommé Bertranon. Les dernières années de mes tra» vaux, le sieur Pierre Baron-Faure se joignit à moi, sur l'ordre du sieur Day,
» pour exploiter le filon découvert par moi et poursuivi par divers ouvriers,
» toujours pour le compte des mêmes. Je fais observer encore que le sieur
» Baron-Faure m'a dit plusieurs fois qu'il travaillait pour le sieur Day, qui lui
» laissait le charbon qu'il pouvait retirer de la galerie, moyennant la rétribu» tion de deux sacs par semaine envers le sieur Day. Je sais que mes attesta» tions ont été accusées d'inexactitude par des personnes intéressées à y en
» trouver ; mais je suis prêt à les affirmer par serment.

» En foi de quoi j'ai délivré le présent certificat à double expédition pour
» servir selon et à qui de droit.

» A la Motte-d'Aveillans, ce 6 mai 1833. — *J'approuve*, REYJOLY. »

un

un certificat favorable à Baron-Faure, il répondit (nous copions la fin de sa déposition) « que le certificat qu'il a signé n'avait pas » été lu par lui, à l'exception des signatures; qu'il avait entendu » signer un fait qu'il regarde comme incontestable, que Baron-» Faure avait travaillé quatre ou cinq ans sur la montagne, *qu'au* » *surplus il ajoute qu'il ne sait qu'un peu lire.* »

C'en est assez pour que les adversaires avancent dans leur note *qu'ils seront entièrement dans le vrai en signalant une odieuse ma-nœuvre par laquelle nous serions parvenus à faire signer Reyjoly, et qu'il est de notoriété publique que celui-ci ne sait lire que quelques mots.*

Où en sont-ils donc réduits? Dans leur marche de fraudes et d'inventions, ils n'ont rien trouvé pour réaliser leur menace.

Voudraient-ils, par hasard, faire résulter *l'odieuse manœuvre* de la déclaration de Reyjoly qu'il n'avait lu que les signatures du certificat, qu'il n'avait entendu attester que les travaux de Baron-Faure, et qu'il ne savait qu'un peu lire ?

Dans tous les cas, l'attestation de cet homme tendant à le décharger du fait criminel qui pèse sur lui, ne peut être d'aucune considération. Il ne peut être cru dans sa propre cause.

Nous pourrions lui demander comment il aurait pu penser que Baron-Faure eût besoin d'un certificat sur le fait nu dont il parle.

Mais nous demanderons à nos adversaires si Reyjoly sait lire pour les uns et non pour les autres? Ils ont donc aussi employé *d'odieuses manœuvres* pour lui faire signer celui du 6 mai 1833? Non, là comme ailleurs, le signataire savait bien ce qu'il faisait, avec cette différence que dans les deux premières attestations il suivait sa conscience, et que dans la dernière il gagnait son argent.

Et puis, ce témoin et la compagnie Achard n'ont parlé que du certificat du 26 juillet, qui prête à l'explication par eux donnée ; mais nous serions curieux de savoir ce que Reyjoly entendait attester en signant le second du 11 août, qui dit bien positivement *que Day et Achard n'avaient fait que quelques légères fouilles, qu'ils avaient abandonné entièrement leurs travaux qui n'avaient produit aucun résultat utile ; qu'à la nouvelle de la découverte de Baron-Faure, faite pour son propre compte, après quatre ans de travaux consécutifs, on a voulu le dépouiller, etc.*

Sur le tout, il est faux que Reyjoly ne sache qu'un peu lire ou ne sache lire que quelques mots. Il est assez remarquable que les adversaires nous fournissent toujours eux-mêmes des moyens péremptoires de les convaincre de mensonge.

La notoriété publique qu'ils invoquent ne leur avait pas dissimulé que Reyjoly savait non-seulement signer et lire tous les mots, mais encore écrire autre chose que son nom, puisqu'ils se sont crus obligés de lui faire mettre de sa main *un approuvé* au bas du certificat qu'il leur a donné.

Il reste donc que Reyjoly, dans ses différentes attestations, a toujours agi en connaissance de cause. De quel côté a-t-il menti ?

Si on était obligé de se livrer à des présomptions, sans avoir la preuve matérielle de la corruption, sans faire toucher du doigt, pour ainsi dire, la somme comptée ou promise, sans avoir aucun des nombreux témoignages de l'enquête qui viennent confirmer le contenu des deux premiers certificats, tandis qu'aucune déposition, si ce n'est celle de Reyjoly lui-même, n'appuie le dernier ;

Si, en un mot, on avait à se prononcer pour le vrai ou pour le faux entre ces différentes pièces, abstraction faite de toute autre notion, jamais on ne s'arrêterait un instant à cette idée que

Reyjoly a pu manquer à la vérité dans deux premières attestations données à quelque intervalle l'une de l'autre, par lui, les autorités et principaux habitans de sa commune. On ne pourrait jamais suspecter que, menteur, il eût pu avoir autant de complices, choisis précisément parmi les personnes les plus considérées du pays.

Le mensonge, on le trouverait, sans hésiter, dans le dernier certificat, signé de Reyjoly seul, à une époque où les sociétaires Achard, en désespoir de cause, n'ont pas craint de tenter un infâme moyen. On le trouverait dans cette pièce sur laquelle on rencontre au bas le nom, le seul nom de ce malheureux, qu'une gêne extrême a pu contribuer à rendre criminel, dans cette pièce mise en regard de deux autres dont la sincérité est garantie par la signature de vingt-cinq à trente personnes environnées de l'estime publique, et indépendantes par position.

On le trouverait, et en l'admettant il faudrait bien croire de nécessité à la subornation, parce qu'un homme ne va pas se contredire aussi ouvertement sans un coupable intérêt, surtout lorsqu'il peut être confondu et blâmé à chaque instant par ses voisins.

Nous pourrions donc déjà, dans l'hypothèse ci-dessus, accuser Reyjoly de mensonge et de subornation à propos de son dernier certificat, mais l'état des choses est bien différent de celui supposé : Dans le concours de preuves qui se pressent et se groupent autour de nous, nous ne savons lesquelles signaler de préférence pour démontrer les faits articulés, d'une manière aussi claire que le jour.

Abordons toutefois la plus saillante et la plus convaincante. Montrons le prix du crime !

C'est moyennant cent cinquante francs que Reyjoly a vendu sa conscience. C'est pour cette somme qu'il a signé le dernier certificat du 6 mai 1833 , et qu'il est venu trahir de nouveau la vérité dans l'enquête du 16 juin suivant. Comment en a-t-il reçu le montant ?

Les sieurs Charles Achard , Monty et Margary lui en passèrent un billet , solidairement entre eux. L'existence de ce billet a été avouée par les adversaires dans la note, page 20 de leur mémoire. Ils l'auraient certainement niée s'ils l'eussent pu. C'eût été le meilleur moyen de pallier leur honte ; mais cela ne leur était plus permis, parce que, comme nous l'avons déjà dit , à l'enquête , nous demandâmes à faire entendre *ad hoc* un témoin qui en avait une parfaite connaissance ; ils s'y opposèrent fortement. Toutefois, en agissant ainsi, ils firent dans leur trouble un aveu tacite : jamais ils ne dirent que le billet n'eût pas été souscrit, retenus qu'ils étaient par la présence de ce témoin et les murmures affirmatifs qu'assez haut firent entendre plusieurs bouches.

Cette circonstance et les renseignemens confidentiels que dut leur donner après Reyjoly, sur ce qu'il avait divulgué son titre comme moyen de crédit, sans en prévoir les conséquences , durent les avertir qu'ils n'avaient plus qu'à mentir sur la cause de la dette.

Mais voyons leur invention à ce sujet ! Elle n'est pas heureuse ; comment le serait-elle?

Ils ont dit à la même note, page 20 , que ce billet avait été souscrit pour reste de salaire dû à cet ouvrier.

Sans demander comment Monty et Margary auraient été obligés de payer le prix de travaux que d'autres auraient fait faire, nous mettrons en regard de cette assertion des extraits de la déposition , à l'enquête , de Reyjoly lui-même. Voici la première partie :

25ᵉ témoin.

« M. Reyjoly déclare que les travaux entrepris par lui ont com-
» mencé en 1819 ou 1820 , qu'il en avait eu l'agrément de l'as-
» socié Day, en travaillant à ses périls et risques ; mais s'il
» trouvait un gîte , il l'épuiserait par la galerie faite par lui ,
» pour ses dépenses ; que dans le cas contraire , *il n'aurait pas à*
» *faire de répétition à la société,* que la société Achard conti-
» nuerait l'exploitation du charbon qui ne serait pas pris par
» la galerie de Reyjoly. *Il ajoute que les produits l'ont satisfait.*

Il en résulte encore que plus tard il serait venu travailler ,
que Baron-Faure l'aurait remplacé, que celui-ci aurait proposé
de s'associer pour l'entreprise d'une galerie, mais qu'il aurait
refusé parce qu'il avait épuisé dans cette localité les droits de
permis que lui avait donnés Day ; et qu'en 1831 il aurait encore
fait quelques fouilles dans le périmètre de la concession demandée , *aux mêmes conditions que les premières , avec la compagnie*
Achard.

On le voit donc ! D'un côté, une assertion que le billet avait été
souscrit pour reste de salaire ; de l'autre , une déclaration positive de Reyjoly lui-même , que , suivant les conditions d'après
lesquelles il aurait toujours travaillé pour la société Achard ,
jamais il n'aurait eu de répétition à lui faire , jamais cette société
ne devait lui compter de salaire.

Dans tout cela , la vérité est-elle quelque part ? Non , il y a
partout mensonge.

La compagnie Achard, comme nous l'avons dit, n'a plus
fait travailler depuis 1823. Reyjoly , plusieurs années après , en
1827 et 1828, vint prendre le restant de la petite veine de mauvais charbon, en pratiquant une petite galerie au-dessus de
l'ancienne. Il creusa aussi plus tard , en 1831, quelques trous

peu profonds sur un point opposé, le tout à ses périls et risques, pour lui, sans l'ordre ni la permission de personne, car il ne faut pas craindre les explications avec des adversaires si habiles à subtiliser.

C'est de ces travaux qu'on a voulu tirer parti dans les fausses attestations, en les donnant comme faits pour la compagnie Achard.

Dans l'impossibilité de démontrer la moindre relation entre l'ouvrier et les soi-disant explorateurs, dont aucun n'avait vu ni connu ces travaux, on avait imaginé le marché démontré impossible, l'espèce de contrat aléatoire, comme pour justifier l'inaction, l'oubli et l'ignorance des derniers sur tout ce qui se passait, en même temps que l'absence de tout salaire payé et reçu.

Reyjoly, par conséquent, devait attester ce marché, qui avait d'ailleurs été combiné pour appuyer la version préparée au sujet de la promesse que Baron-Faure avait faite à Day; il remplit son mandat, mais on n'avait pas prévu l'incident qui s'éleva à l'enquête.

Ce témoin récita la leçon qu'on lui avait apprise, sans rien y changer à raison du billet de 150 fr. dévoilé. Il expliqua qu'il n'avait jamais été dans le cas de recevoir de payement, et qu'il ne pouvait lui en être dû. Aujourd'hui, les adversaires après avoir fait tous leurs efforts pour donner à entendre la même chose, en sont réduits à contredire dans une note ce qu'ils ont répété si souvent dans leur Mémoire. Quelle triste position! Mais où est donc la vérité?

On ne peut la voir ailleurs que dans ceci : Le billet de 150 fr., malheureusement divulgué, est le prix de la déposition qu'on ne pensait pas être dans le cas de contredire, et du certificat qui l'a précédée.

Les consorts Achard voudraient-ils prétendre que dans leur société il n'y a jamais eu personne capable de faits aussi honteux? Nous leur répondrons que leur Mémoire est là, contenant leur aveu qu'une partie d'entre eux, et les cédans des autres ont produit dans l'instance un certificat faux quant à ces énonciations, et en ont fait usage.

M. l'ingénieur des mines, dans son premier rapport, citant les pièces fournies par les concurrens, a écrit : « Autre certificat du » 17 juin 1831, par des mineurs, constatant qu'ils ont fait des » recherches pour le compte de Day et Achard, et qu'ils ont dé- » couvert *une couche de trois mètres*, donc ce certificat est *faux* » quant aux résultats exprimés. »

La production de cette pièce est donc officiellement constatée. Les résultats y exprimés sont déclarés *faux* par un fonctionnaire appelé à la juger; et les sociétaires Achard sont obligés d'avouer la fausseté dans leur Mémoire, en reconnaissant que Baron-Faure seul a découvert une couche de trois mètres. Voilà où en sont nos concurrens.

Que fait supposer une semblable production, outre ce qu'elle a de coupable en elle-même? Si des signatures y ont été apposées par des tiers, l'ont-elles été d'office et sans intérêt?

En l'état, nous imiterons la discrétion de M. l'ingénieur, qui s'est tu sur le nom des signataires; plus tard, peut-être, nous serons dans le cas de les faire connaître.

A présent suivrons-nous l'enquête pour voir si quelque témoin confirme le contenu du dernier certificat de Reyjoly, et sa déposition en ce sens : qu'après 1823 il aurait travaillé pour la compagnie Achard.

Trente-huit témoins ont déposé. Douze ont parlé de Reyjoly :

Le premier est Jean Berthier-Pichard, 11ᵉ, voici sa déposition :

« M. Jean Berthier-Pichard déclare que Reyjoly travaillait, *il*
» *y a dix ans*, sur la montagne, mais la localité n'est pas celle où
» se trouve la mine. Il avait depuis abandonné ses fouilles.

» Depuis trois ans il avait commencé, dans la terre du témoin,
» *des fouilles pour son propre compte, et lui avait demandé s'il lui*
» *vendrait son terrain en cas de réussite.* »

Le second est Jean Dufour, 15ᵉ. Après avoir parlé des travaux
de Baron-Faure, « il déclare aussi que Reyjoly est venu un jour voir
» de vieux travaux supérieurs à ceux dont il s'agit, n'ayant
» qu'une pioche à cultiver la terre, et qu'il faillit périr dans ces
» vieux travaux. »

Le troisième est le sieur Day, 19ᵉ. Son attestation sera vérifiée
la dernière.

Le quatrième est le sieur Pellafol, 20ᵉ. Comme nous l'avons
déjà vu, il a commencé par déclarer qu'il ne savait pas si Reyjoly
était l'ouvrier de la compagnie Achard, ou s'il travaillait pour son
compte. Quant aux conséquences à tirer de la seconde partie de
son témoignage, nous avons établi qu'elles se rapportent à la première époque de 1820 ou 1823, par la coïncidence de ce qu'il a
dit avec la déposition d'Étienne Gaillard-Minet.

Le cinquième est Reyjoly lui-même, 25ᵉ.

Le sixième est Joseph Reynier-Portier, 28ᵉ. Il dépose quant à
Reyjoly « que celui-ci a travaillé en 1827, 1830 et 1831; qu'il lui
» a vu descendre du charbon en 1827.

» Ajoute qu'il avait vu Reyjoly descendre du charbon sur son
» dos pour lui. »

Le septième est Jean Reynier-Portier, 29ᵉ, qui dit avoir vu
travailler Reyjoly en 1830.

Le

Le huitième est Etienne Gaillard-Minet, 3o°, dont la déposition a été copiée tout au long ci-avant.

Le neuvième est Etienne Colonel, 31°. « Il dépose qu'en 1819
» et 1822 il est venu chercher du charbon pour son usage chez
» Reyjoly qui, d'après son témoignage, travaillait pour le compte
» de M. Aubaud. »

Le dixième est Maurice Meillan-Rey, 32°. « Il dépose qu'en
» 1823 il a apporté pour 60 fr. de bois d'étançonnage pour la
» société Day, Achard et Aubaud.

» En 1826 il aurait pris une charge ou deux de charbon chez
» Reyjoly. Il n'a pas vu du charbon extrait autre que celui qu'il
» emportait.

» Reyjoly lui a déclaré qu'il travaillait pour la société Achard
» et Day. Il a rencontré ledit Reyjoly chez M. Achard où il s'é-
» tait rendu pour régler son compte en 1824 ou 1825. »

Le onzième est Alexandre-Maurice Laye, 33°. « Il dépose que
» Reyjoly était l'inventeur de la couche, et qu'il a exploité par
» sa galerie jusqu'à épuisement; qu'ensuite le témoin a fourni du
» bois, il y a dix ans, à la compagnie Achard, qui voulait faire
» des travaux pour continuer l'exploitation. Immédiatement
» après Reyjoly est venu reprendre les travaux, et enfin Baron-
» Faure. »

Le douzième et dernier est François Mounier-Poulat, 38°, qui
déclare « qu'il a vu, il y a trois ans environ, Reyjoly faire un
trou pour des recherches. »

On le voit : le premier témoin déclare positivement que Reyjoly travaillait pour son propre compte après 1823, et il cite
à l'appui, un fait convaincant, la demande que lui fit Reyjoly.

Tous les autres dont la déposition a été transcrite, jusqu'au neuvième, ne disent nullement qu'à la seconde époque (après 1823), Reyjoly ait travaillé pour la compagnie Achard.

Maurice Meillan-Rey, sans assigner de date, dit que Reyjoly lui a déclaré qu'il travaillait pour la société Achard et Day. Le lui a-t-il déclaré avant ou après les 150 francs reçus, ou bien encore en 1823, lorsqu'il apporta du bois ? Voilà ce qu'il faudrait savoir.

On ne peut pas prétendre d'en rapporter l'époque à 1826. Cette année est citée, à propos du charbon pris, dans un membre distinct de la déposition, et autre que celui où l'on mentionne la déclaration dont il s'agit. M. l'ingénieur, par la rédaction et par des alinéas, a bien eu soin de distinguer les faits qui n'avaient entr'eux ni suite ni liaison.

On s'aperçoit que le plus grand désordre règne dans la déposition de Meillan-Rey, puisque de 1823 il passe à 1826, pour revenir ensuite à 1824 ou 1825. Ce désordre ferait présumer peu de mémoire chez le témoin. Et en effet, il est le seul qui dise que Reyjoly ait travaillé en 1826 ; tous les autres ne l'ont vu que plus tard ; la plus ancienne de leurs dates est 1827. Il se trompe quand il dit que c'est en 1824 ou 1825 qu'il rencontra Reyjoly, allant régler son compte chez M. Achard. Ce compte ne peut être que celui dont parle Etienne Gaillard-Minet, et dont la cause remonte à 1820 ou 1823. On sait qu'il ne put être ni réglé ni soldé, et de quelle manière les deux ouvriers y mirent fin.

Devons-nous nous arrêter à la déposition d'Alexandre-Maurice Laye ?

Elle ne renferme pas que Reyjoly n'ait pas travaillé pour son propre compte. A la manière dont elle est conçue, nous pourrions nous en prévaloir ; mais on ne doit y ajouter aucune foi, parce qu'elle n'est remplie que d'inutilités , d'invraisemblances et de non-sens.

Ainsi , l'objet principal à savoir , était relatif aux derniers travaux ; ce témoin débute par dire que Reyjoly *était l'inventeur de la couche*.

Quoi , de celle de trois mètres ? non c'est la petite veine de mauvais charbon qu'il entend , parce que , continuant , il dit : « *Qu'il* (Reyjoly) *a exploité par sa galerie jusqu'à épuisement.* »

Combien y a-t-il de temps de cela ? Il y a plus de dix ans , attendu que nous lisons immédiatement : « Qu'ensuite le témoin » a fourni du bois , *il y a dix ans* , à la compagnie Achard, qui » voulait faire des travaux pour continuer l'exploitation. »

Beau projet ! que voulait-elle exploiter si la matière était épuisée ?

Le témoin continuant : « *Immédiatement après* , *Reyjoly est* » *venu reprendre les travaux.* »

Il ne dit pas si c'est pour lui ou pour d'autres ; mais dans tous les cas, ces travaux immédiats ne sont attestés par personne , pas même par Reyjoly lui-même , qui dit que *plus tard* il vint travailler , et *plus tard* , nous l'avons vu , c'était en 1827 ou après.

Nous le répétons : Cette déposition ne peut être d'aucun poids.

Elle nous serait certainement favorable en ce qui touche la veine de mauvais charbon , puisque , contrairement à ce qu'on a voulu faire entendre, que cette veine aurait été exploitée jusqu'aux travaux de Baron-Faure, que Baron-Faure , lui-même , pour l'avoir suivie , aurait été amené à faire sa galerie , on y voit *qu'elle avait été épuisée il y a plus de dix ans.*

Et cependant , les adversaires ont cru devoir marquer en lettres italiques ces mots : *inventeur de la couche*, et ceux-ci : *a exploité par sa galerie.*

Ils avaient déjà fait trophée des premiers, page 21.

Quel que soit le témoignage de Laye, nous devons ajouter, pour le cas où ce témoin, produit par les sociétaires Achard, aurait eu l'intention de s'écarter de la vérité contre la compagnie Baron-Faure, qu'il a subi des condamnations correctionnelles, sur les poursuites de M. le procureur du roi, pour avoir indûment exploité du charbon dans l'étendue de la concession de M. Giroud ; qu'ayant pu ajouter foi aux bruits répandus, que M. Giroud était secrètement lié d'intérêt à cette compagnie, il aurait cru, en agissant ainsi, exercer son ressentiment contre lui.

Au surplus, le sieur Laye, ainsi que Meillan-Rey, est cousin-germain de la femme du sieur Achard.

Aucun des témoignages examinés ne s'allie à celui de Reyjoly, aucun ne le confirme. Il ne reste plus que l'attestation du sieur Day. Si celui-là, déposant dans sa propre cause, ne peut être cru contre nous, il le sera du moins contre lui et ses associés.

Or, le sieur Day, 19e, après avoir débité la version préparée sur le charbon que lui avait promis Baron-Faure, et autres choses étrangères à Reyjoly, faillit à son rôle en terminant. Il ne lui est pas possible de le soutenir jusqu'à la fin. Il paraît qu'il n'avait pas un sentiment bien intime des moyens qu'on avait voulu coordonner ; la vérité lui échappe. Voici les mots qui finissent l'exposé de son témoignage :

« Enfin il dit que Reyjoly a exploité jusqu'à la fin de 1831 ; » *se reprenant, il dit qu'il l'a ouï dire.* »

On l'a entendu ! c'est Day, qui, suivant les adversaires (page 5 du Mémoire), aurait répondu à Baron-Faure lui demandant d'être employé aux recherches, que la place était prise par Reyjoly.

C'est Day qui, seul (voir page 6 et la déposition de Reyjoly lui-même), aurait employé Reyjoly, lui aurait donné un ordre ou une autorisation de travail, expliquée et conditionnée ; c'est Day, qu'on a toujours présenté comme l'unique ordonnateur des travaux qu'aurait effectués la compagnie Achard ; c'est ce même Day qui vient déposer *qu'il a ouï dire* que Reyjoly a exploité jusqu'à la fin de 1831 ! ! !

Faudrait-il autre chose que ces derniers mots, pour démontrer que Reyjoly a menti quand il est venu affirmer de bouche et par écrit, que ses travaux, postérieurs à 1825, avaient été faits pour la compagnie Achard ?

Il est superflu de signaler les contradictions qui existent entre le dernier certificat de Reyjoly et sa déposition, et entre ces deux documens et les dires des adversaires.

On voit d'abord que Reyjoly aurait travaillé continuellement pour la compagnie Achard, sauf quelques petites interruptions, puis, qu'il n'aurait travaillé qu'en 1819 ou 1820, *plus tard* (en 1827), et en 1831 ; que Baron-Faure serait venu se joindre à lui, et, qu'au lieu de ce, Baron-Faure serait venu le remplacer.

Nous n'avons pas cité les dépositions qui établissent que, conformément aux deux premiers certificats, Baron-Faure travaillait pour lui-même et non pour le sieur Day. Toutes celles qui renferment quelque chose de relatif à cet ouvrier, et elles sont nombreuses, le disent explicitement ou implicitement, sauf une ou deux exceptions, ainsi qu'on le verra plus bas où nous aurons occasion de les suivre.

Il est donc bien démontré que Reyjoly a menti dans le dernier certificat qu'il a signé, tout comme dans sa déposition à l'enquête, en attestant que les travaux qu'il avait faits au mas de Sagneraux, après 1823, avaient été entrepris pour la compagnie Achard, et que Baron-Faure était l'ouvrier de cette société ou de l'un de ses membres.

Il est établi, en même temps, qu'il a trahi ainsi la vérité, parce qu'il a été suborné à prix d'argent par les sieurs Charles Achard, Monty et Margary.

Le tout résulte, d'une manière éclatante, de l'existence de deux premiers certificats entièrement contraires, qu'il avait signés avec plusieurs personnes recommandables de la Motte-d'Aveillans ; de l'existence d'un billet de 150 fr., que lesdits sieurs Charles Achard, Monty et Margary ont souscrit à son profit; de l'impossibilité où ont été les adversaires d'assigner à ce billet une cause qui ne fût pas contredite par eux-mêmes et Reyjoly ; de l'usage que les sociétaires Achard avaient déjà fait d'un certificat officiellement déclaré et par eux avoué faux, quant à ses énonciations ; des témoignages de l'enquête, dont un grand nombre confirme le contenu des deux premiers certificats, et pas un seul n'appuie ce que renferme le second, quant aux travaux de Reyjoly, postérieurs à 1823 ; du fait attesté par Jean Berthier-Pichard, 11° témoin ; de la circonstance que ces travaux n'avaient jamais été vus par aucun membre de la compagnie Achard, et que ceux-ci n'ont pas payé à leur auteur un denier de salaire, ce qu'ils ont voulu redresser au moyen d'un conte absurde (le marché à forfait), qui devait d'ailleurs servir contre Baron-Faure ; des contradictions de Reyjoly ; et enfin, de la déclaration du sieur Day à l'enquête, démontrant, on ne peut mieux, que cet homme par les ordres et sur les indications duquel Reyjoly aurait travaillé, n'avait pas la moindre connaissance de ce que faisait cet ouvrier, ne savait pas même s'il travaillait ou non.

Il reste donc que les travaux qui ont été effectués par Reyjoly au mas des Sagneraux, après 1823, ont eu lieu pour son propre compte, sans l'ordre ni la permission de personne.

On a vu qu'il y fut d'abord amené, pour prendre, au moyen d'une petite galerie, pratiquée sur l'ancienne, ce qui pouvait encore rester de la veine de mauvais charbon, et qu'il tenta après quelques faibles recherches sur un point opposé. La plupart de ces travaux s'opéraient à temps perdu, en allant défricher et cultiver des terrains communaux à l'entour.

Baron-Faure n'a jamais été l'ouvrier de Day; ses recherches et sa découverte ont eu lieu pour son propre compte.

Examinons maintenant la promesse de charbon faite à Day par Baron-Faure, et voyons si celui-ci a opéré la découverte pour lui ou pour d'autres.

Nous l'avons expliqué : Dans l'entretien que Baron-Faure eut, par hasard, avec le sieur Day, sur les recherches qu'il venait d'entreprendre, répondant à la demande peu sérieuse de ce dernier qui lui avait souhaité bonne fortune, qui lui avait parlé des anciennes fouilles de la compagnie Achard comme d'une chose passée, abandonnée, à laquelle on ne songeait plus, Baron-Faure lui promit deux sacs de charbon par semaine s'il venait à découvrir une couche exploitable.

On conçoit une pareille demande et une semblable réponse dans la position où se trouvaient ces deux personnes.

On conçoit aussi que Baron-Faure, faisant cette promesse, eut bien l'intention de l'exécuter dans le cas expliqué, comme en effet il ne s'y est jamais refusé, quoiqu'elle n'ait aucune cause légale ou naturelle.

Eh bien ! cette promesse, de pure générosité, on veut aujourd'hui s'en faire une arme contre lui ; on veut s'en servir pour le dépouiller du fruit de ses sueurs, en la dénaturant, en y ajoutant, en supposant toute autre chose que ce qui a eu lieu. Heureusement que l'invention des adversaires à ce sujet ne peut reposer sur rien de solide. Ainsi que toutes celles dont ils ont fait usage, elle ne renferme qu'invraisemblances et absurdités. Il sera facile de le démontrer.

Le fond de leur système, sur ce point, est que Day, suivant sa déclaration à l'enquête, aurait donné, à une époque qu'il n'a pu préciser, l'autorisation à Baron-Faure, pour son tiers, le droit de faire des fouilles, à la charge de lui payer deux sacs de charbon par semaine, tant que l'exploration durerait, mais que cet arrangement serait de nulle valeur quand le gîte serait de nature à être concédé.

S'il y eût eu un semblable arrangement, Baron-Faure n'aurait pas exploré à ses périls et risques et pour son propre compte. Voyons d'abord si cela résulte de l'enquête ? Nous donnerons le texte des dépositions qui y ont trait :

« M. Berthier, maire de la Motte-d'Aveillans, 1er témoin, dé-
» pose que Baron-Faure est l'inventeur de la mine, *et lui a offert
» plusieurs fois de l'associer avec lui pour l'aider dans son entre-
» prise, ou de lui prêter de l'argent ;* déclare encore qu'il ignore
» s'il y a eu des arrangemens avec la compagnie Achard »

« M. Etienne Gaillard, 2e témoin (alors adjoint et actuelle-
» ment maire de la Motte-d'Aveillans), déclare qu'il ne connaît
» la mine que depuis qu'il y venait chercher du charbon pour
» son usage, et que Baron-Faure lui disait *qu'il travaillait pour
» son compte ; le montant du charbon livré a toujours été retiré
» par Baron-Faure.* »

» M.

« M. Jean-Baptiste Berthier Petit-Jean (capitaine de la garde
» nationale), 3ᵉ témoin, dépose que Baron-Faure ayant été ren-
» voyé de chez M. Giroud, comme mineur, il vint travailler, il
» y a cinq ou six ans , un peu au-dessus de la galerie qui existe
» aujourd'hui ; déclare encore qu'il y est venu tous les ans et que
» *Baron-Faure travaillait pour son compte.*

» Le témoin a fourni des bois pour étançonnage à Baron-
» Faure. »

« M. Michel Savin (5ᵉ témoin) déclare que depuis trois ans il
» a travaillé , par intervalle, avec Baron-Faure ; que son salaire
» a été payé en argent ou en charbon ; que, de plus, il a nourri
» quelques ouvriers de Baron-Faure ; il a encore ajouté qu'il
» était venu, un an auparavant, chercher du charbon chez Baron-
» Faure, au-dessus de la principale galerie.

» De plus, il y a eu un moment où Baron-Faure se décourageait,
» et qu'il l'a invité à continuer ses fouilles. »

M. Aimé Bethoux , 4ᵉ témoin, tout comme le sieur Jean
Samuel, 6ᵉ, et Jean Berthier Seyssé , 7ᵉ, se sont bornés à
déclarer qu'ils étaient venus prendre du charbon de Baron-Faure,
et qu'ils lui en avaient payé la valeur.

« Le sieur Etienne Eymery, 8ᵉ témoin, déclare qu'il travaillait
» à la terre dans les environs, et que Baron-Faure lui disait
» quelquefois qu'il ne voudrait pas faire des travaux comme lui
» pour manger son pain mal-à-propos. »

« Le sieur Joseph Eymery, 9ᵉ, déclare qu'il a vu travailler
» Baron-Faure *depuis six à sept ans.*

» *Qu'il lui a servi d'ouvrier pendant une semaine , il y a trois*
» *ans , à raison de 35 sous par jour ; déclare aussi que Baron-*
» *Faure a eu d'autres ouvriers.* »

10

« Le sieur François Darier (10ᵉ) déclare qu'il a vu travailler
» Baron-Faure depuis quatre ou cinq ans, *et qu'il avait quel-*
» *quefois d'autres ouvriers.* »

« Le sieur Joseph Berthier (12ᵉ) déclare que depuis cinq à six
» ans il a vu travailler Baron-Faure, *souvent avec un ouvrier,*
» mais qu'il ne lui a jamais parlé. »

« Le sieur Jean Arnaud (13ᵉ) déclare *qu'il a été ouvrier pendant*
» *dix-sept jours, à raison de* 40 *sous par poste de douze heures,*
» *il y a vingt mois ; qu'il lui a aidé à baisser le sol de la ga-*
» *lerie ; que dans ses conversations Baron-Faure lui disait qu'il*
» *était heureux d'avoir trouvé du charbon, attendu qu'il avait*
» *fait des efforts jusqu'au moment de la découverte, pour vivre.* »

Le sieur Jean Dufour (15ᵉ) déclare « *qu'il a travaillé pendant*
» *deux mois, il y a deux ans, pour Baron-Faure, à raison de*
» 2 *fr. par jour ; que Baron fournissait les outils, et qu'il lui di-*
» *sait qu'il travaillait pour son compte, mais qu'on voulait le chas-*
» *ser.* »

Le sieur Frédéric Fayolle (16ᵉ) déclare « que depuis deux ou
» trois ans il avait vu travailler Baron-Faure dans la galerie prin-
» cipale et au-dessus quelque temps auparavant; *que Baron-*
» *Faure privé de toute espèce de moyen, lui avait proposé de s'as-*
» *socier avec lui, en fournissant du blé, de l'huile, des bœufs pour*
» *descendre le charbon s'il en trouvait, et un magasin pour le re-*
» *cevoir.*

» *Le témoin indique qu'il avait refusé les propositions, en suite*
» *des observations de ses parens sur l'incertitude de l'entreprise.* »

« Le sieur Jacques Bouchayer (17ᵉ) déclare que Baron-Faure
» lui disait *qu'il travaillait pour son propre compte, et que ses*
» *travaux ont commencé depuis six ans; que les ouvriers qu'il*
» *prenait étaient payés à raison de* 2 *fr. par jour. Le témoin en a*
» *vu payer.*

» Quant à la galerie principale, les travaux n'ont commencé
» que depuis trois ans. »

« Le sieur Pierre Rival, de la Motte-d'Aveillans (18ᵉ), *déclare*
» *que Baron-Faure avait pris chez lui, argent ou provisions, pour*
» *200 à 300 fr., pour faire ses travaux, attendu qu'il n'avait pas*
» *de ressources pour continuer ses fouilles.*

» *Le témoin déclare aussi que Baron-Faure lui doit encore en-*
» *viron 100 fr.; il ajoute qu'il ne travaillait que pour son propre*
» *compte, et qu'il lui offrait son écurie pour le garantir de cette*
» *somme.* »

« *L e sieur Jean Gaillard, dit Minet (24ᵉ), déclare avoir tra-*
» *vaillé deux ans pour M. Baron-Faure, en qualité d'ouvrier (les*
» *deux dernières années); que celui-ci l'a payé, l'a nourri, etc.* »

« Le sieur François Mounier-Poulat (58ᵉ) dépose qu'un jour
» qu'il était à cultiver son champ dans le voisinage de la mine,
» Baron-Faure l'appela, et qu'il vint l'aider ; *que plus tard il le*
» *vit prêt à abandonner toutes recherches, attendu qu'elles étaient*
» *infructueuses; qu'il l'encouragea, lui disant qu'on lui donnerait*
» *quelque chose, et qu'en effet il l'aida en lui fournissant quel-*
» *ques denrées dont il a été payé en charbon; a ajouté que Ba-*
» *ron-Faure était tellement découragé qu'il s'en allait en pleu-*
» *rant.* »

Ainsi, les 2ᵉ, 5ᵉ, 15ᵉ, 17ᵉ et 18ᵉ témoins déposent expressément
que Baron-Faure travaillait pour son propre compte. Cela n'a pas
besoin de commentaire.

Suivant les 1ᵉʳ et 16ᵉ, il cherchait de l'argent et des denrées à
emprunter ; il voulait se créer des associés et en faisait la proposition, le tout pour suivre son entreprise et en assurer les résultats. Les 18ᵉ et 58ᵉ lui ont fait des prêts et fournitures pour cet
objet.

Cinq ouvriers attestent avoir travaillé à ses fouilles et avoir été payés par lui. Les 10ᵉ, 12 et 17ᵉ témoins confirment ce fait, qui d'ailleurs n'est pas contesté.

Dans ses longues recherches infructueuses il se décourageait parfois, et un jour c'était au point qu'il versait des larmes en se retirant. Il y épuisa toutes ses ressources et se créa des dettes qui absorbent à-peu-près son petit patrimoine, car elles n'apparaissent pas toutes de l'enquête.

Eh bien ! tout cela, à quelles fins et pour qui Baron-Faure le faisait-il ? Dans la perspective d'une importante découverte qui changerait sa position et le mènerait à la fortune ?

Non : il le faisait pour le sieur Day, uniquement pour le sieur Day ; pour avoir l'avantage de lui ménager quelque belle surprise, en venant au moment qu'il n'y songerait pas, lui dire :

« Monsieur Day, j'ai ruiné ma bourse et ma santé à faire des
» recherches à Sagneraux, depuis le temps que j'eus avec vous
» un entretien. Les dettes que j'ai contractées ne me laissent pas
» la certitude de conserver mon asyle ; mais aussi, je vous ai fait
» une belle découverte, un filon de trois mètres, bonne qualité.
» Allez en profiter. Ma mission est accomplie ; nous n'avons plus
» rien à faire ensemble, à moins que vous ne veuillez m'accorder
» la grace de m'employer comme ouvrier dans la fructueuse ex-
» ploitation que je vous ai créée. »

Sans rire, ce serait pourtant là qu'aboutirait l'invention des adversaires ! et encore Baron-Faure n'en serait-il pas quitte à si bon marché. Il resterait débiteur des arrérages de la rente hebdomadaire de deux sacs de charbon que, selon eux, il devait du jour de son entreprise, quand même il n'extrayait que de la terre et du rocher.

Nous disons deux sacs ; mais le sieur Day nous a fait savoir que ce n'était que pour son tiers; et si chacun de ses anciens associés venait en réclamer autant, ce serait bien plus fort.

La connaissance des travaux longs et dispendieux de Baron-Faure, et de la circonstance que lorsqu'il les commença il n'y avait rien de découvert (1), le tout résultant bien positivement des témoignages que nous avons suivis, ainsi que de l'aveu des adversaires; car nous n'avons pas oublié ce qu'ils ont dit, page 25 de leur Mémoire, après avoir voulu faire entendre que Baron-Faure devait trouver son salaire dans ce qu'il extrayait; cette connaissance, disons-nous, suffit seule pour démontrer tout ce qu'il y a d'absurde et d'impossible dans le marché que l'on dit être intervenu entre cet ouvrier et Day, dans ce marché où se résument ainsi les obligations imposées à Baron-Faure :

« *Il ne vous suffira pas de travailler gratis, de vous adjoindre et payer des ouvriers, de vous ruiner pour me faire une découverte; il faudra encore qu'à dater d'aujourd'hui vous me délivriez, pour mon tiers seulement, deux sacs de charbon par semaine, quand même vous n'en exploitez pas du tout et que vous n'ayez devant vous qu'un dur rocher à miner.* »

Pour confirmer cette vérité que Baron-Faure n'explorait que

---

(1) Ce ne fut que long-temps après, à la suite de plusieurs puits et galeries pratiqués sur le coteau où se trouve la couche de trois mètres, que Baron-Faure en découvrit une tellement étroite, que pour en extraire du charbon, il était obligé de se tenir, pour ainsi dire, à plat-ventre, et de le recueillir dans un panier. Il en avait vendu quelques sacs à Michel Savin, 5ᵉ témoin, qui habitait à la montagne, tout près de la mine, et à Jean Samuel, 6ᵉ témoin. On a vu, d'après leurs dépositions, que l'achat de ce charbon ne remonte pas au-delà de 1829.

Cette découverte insignifiante donna l'idée à Baron-Faure de creuser au-dessous la galerie qui, en 1831, amena celle d'où vient le débat.

pour son compte, nous n'avons pas besoin de faire ressortir tout ce qn'ont appris quelques-uns des témoins ci-dessus, Etienne Emery, Jean Arnaud, Jean Dufour, François Mounier-Poulat, quant à ce qu'il leur disait en s'entretenant avec eux, non plus que ses larmes de chagrin et de découragement en présence de ses longs efforts infructueux.

Nous n'avons pas besoin de rappeler que ce n'était pas pour le sieur Dey qu'il cherchait des associés dans MM. Berthier, maire, et Frédéric Fayolle, afin de l'aider dans ses recherches par des fournitures, et lui procurer des moyens de transport et un magasin pour le charbon, en cas de découverte.

Nous pourrions nous dispenser de nous étendre davantage à ce sujet; mais, outre d'autres considérations se présentant en foule, que nous examinerons encore, nous ne laisserons pas de faire sur la déposition du seul témoin qui a confirmé celle de Dey, des observations qui en feront apprécier toute la valeur.

Pierre Rival (de la Mure), 21ᵉ témoin, après avoir dit que la compagnie Achard a continué ses fouilles depuis 1815 jusqu'à 1826 ; que le sieur Aubaud fit extraire et transporter chez lui de 3 à 400 quintaux de charbon en 1826 ou 1827, tandis qu'il est convenu que ces fouilles n'ont commencé qu'en 1819, qu'on a la preuve qu'elles ont cessé en 1823, et que le charbon pris par le sieur Aubaud à la suite de l'expulsion des deux ouvriers qui l'avaient extrait pour eux, le fut à cette dernière époque, au plus tard, car Etienne Gaillard-Minet dépose que c'était en 1820 ou 1823 ; après avoir dit qu'il pensait que la couche découverte par Baron-Faure était la même que celle qu'avait exploitée Reyjoly, *quoiqu'il n'eût jamais vu que celle-ci*, Pierre Rival ajoute qu'en sa présence Baron-Faure avait proposé à Day deux sacs de charbon par semaine ; que ce dernier les avait acceptés, *en ajoutant que si le filon était plus tard de nature à être exploité, il surviendrait d'autres arrangemens.*

En cela, le sieur Rival ment, tout comme au commencement, tout comme à la fin de sa déposition. Il n'en faudrait pas d'autre preuve que cette circonstance, sérieusement attestée, que Baron-Faure aurait promis du charbon sur un filon non exploitable, et on sait qu'au commencement il n'y en avait ni de cette nature ni d'une autre.

Avant d'aller plus loin, examinons ce que dit ensuite ce témoin :

» *L'an dernier,* la femme de Baron-Faure *(qu'il ne connaît* » *pas)* serait venue offrir à Day, les deux sacs, et celui-ci » aurait refusé comme n'ayant plus d'intérêt dans cette affaire. »

L'an dernier! dès le mois de juin 1831, Baron-Faure était bien et dûment prévenu que Day était remplacé par les sieurs Monty et Margary ; aussi dans la citation au possessoire du 23 juillet suivant, qui amena le jugement du 8 août, s'adressa-t-il à Monty et non au sieur Day, qui parut devant le juge de paix, d'office et comme conseil de son cessionnaire, ainsi qu'on l'a dit.

Nous l'avons énoncé ; et les preuves ressortent d'elles-mêmes :

Rival a menti en commençant :

Day déposant dans sa propre cause, avait parlé des anciens travaux de la compagnie Achard ; Rival a dû en parler, mais faisant plus que son modèle, il a voulu préciser des dates : alors, contre ce qui est convenu et avéré, ces travaux se sont trouvés avoir commencé quatre ans plus tôt et avoir fini trois ou quatre ans plus tard.

Il a menti en finissant :

Day avait dit que la femme de Baron-Faure était venue lui offrir les deux sacs de charbon ; Rival a dû le dire ; mais là encore il a voulu se montrer bien instruit en aventurant son *l'an dernier*. Malheureusement il n'est pas tombé juste.

Pourquoi n'aurait-il pas parlé de la promesse de charbon faite par Baron-Faure , à-peu-près dans le même sens que Day ? c'était le point essentiel. Pourquoi n'aurait-il pas ajouté que le prétendu marché aurait eu lieu en sa présence?

Eh bien! nous le répétons : en cela comme dans le reste de sa déposition , le sieur Rival a menti. Il est faux, entièrement faux qu'il ait été présent à l'unique entretien que Day ait eu avec Baron-Faure, à propos des fouilles que ce dernier avait entreprises.

Quel intérêt pouvait donc avoir le sieur Rival à trahir ainsi la vérité ?

Nous dirons que cet homme, sans aucune ressource et sortant de prison pour dettes, est étroitement lié avec le sieur Day qui a toujours été son conseil dans les affaires litigieuses qu'il a eues.

Dans le temps qu'il tenait encore à quelque chose , il avait ambitionné, sans pouvoir l'obtenir, une place de commis aux mines de charbon en exploitation dans la contrée. N'a-t-on pas pu lui en faire luire l'espérance pour celle à concéder? Il doit être un des signataires des fameuses pétitions contre la *collusion* et l'*accaparement*. Et quelques-uns des membres, tant anciens que nouveaux, de la compagnie Achard , n'ont pas même bien dissimulé les fréquentes visites qu'ils lui ont faites.

D'ailleurs , nous pouvons affirmer sans crainte que si le sieur Rival eût dit la vérité dans sa déposition , ce serait peut-être la première fois de sa vie.

Il est un autre témoignage qui laisserait quelque doute sur la promesse de Baron-Faure à Day , et le cas où elle était exécutable; c'est celui de Jean Alloard dit Poupon (22ᵉ), amené, comme

le

le précédent, par la compagnie Achard : « Il a déposé que chez
» Bethoux, à la Mure , il avait entendu dire à Day et à Baron-
» Faure que ce dernier travaillerait à la mine, moyennant deux
» sacs par semaine en faveur de Day. »

Etait-ce avant ou après la découverte que ce charbon devait
être livré ? le témoin ne le dit pas précisément ; il parle de mine , et
la mine était à créer lorsque Baron-Faure commença ses fouilles.
On est bien convaincu de l'impossibilité qu'il y avait à ce que
celui-ci fournît une chose qu'il n'avait pas.

Ce qu'il y a de sûr c'est que le sieur Alloard n'a pas vu Day et
Baron-Faure parlant ensemble à ce sujet. Ce dernier, en compagnie de plusieurs personnes de son pays, et en l'absence du
sieur Day, a en effet dit chez Bethoux, cabaretier, après qu'il
eut découvert la couche de trois mètres , ce que rapporte le témoin
suivant, le sieur Gabriel Dufour, paraissant également à la demande des sociétaires Achard.

« M. Gabriel Dufour dépose que chez Bethoux *il a entendu dire*
« *à Baron-Faure qu'à force de forger il était devenu forgeron ;*
» *qu'il avait découvert du charbon , et qu'il devait donner deux*
» *sacs par semaine à Day ;* que dans le cabaret il avait aussi été
» dit que Baron-Faure était une bête d'avoir déclaré e fait. »

Dans tous les cas, observons que si le sieur Alloard a eu l'intention de manquer à la vérité, cela n'occasionerait pas dans le pays
une grande surprise, à raison de la réputation dont il jouit.

Le sieur Pellafol, 20ᵉ témoin, dont nous nous sommes déjà
entretenus, a dit « que Baron-Faure commença ses fouilles
» en 1828, en promettant deux sacs par semaine à Day, un des
» trois associés, et pour sa part seulement, sans qu'il sache le laps
» de temps que cet engagement devait durer. »

Cette déposition n'étant pas bien explicite, et pouvant aussi quelque peu appuyer le marché impossible, nous croyons devoir faire sur son auteur les observations suivantes :

Le sieur Pellafol, témoin produit par les adversaires, a dissipé en folles entreprises un petit avoir; il ne possède plus que quelques immeubles de peu de valeur, couverts, et au-delà, par les reprises de sa femme. Ces immeubles consistent principalement en un petit domaine à la montagne, dont les bâtimens se trouvent tout près de la mine et pourraient très-bien servir à des magasins, cantine, etc., lors de l'exploitation; mais ces avantages ne lui seraient guère acquis qu'autant que la compagnie Achard obtiendrait la concession, parce que le père d'Aimé Reynier, l'un des membres de la compagnie Baron-Faure, possède des bâtimens au même endroit.

Quatre autres témoins parlent encore de la promesse faite à Day par Baron-Faure; mais, tous quatre, comme Gabriel Dufour, font bien entendre qu'elle n'avait eu lieu que pour le cas de découverte; qu'alors, seulement, elle était réalisable sur la mine restant à Baron-Faure comme sa propre invention, le fruit de ses peines et de ses dépenses.

Ces témoins ont aussi été produits par la compagnie Achard. Ce sont Jean Gaillard dit Minet (24ᵉ), qui n'a reçu la communication de cette promesse que depuis qu'il travaillait pour Baron-Faure, c'est-à-dire depuis la découverte; Joseph Reynier-Portier (28ᵉ), à qui Baron-Faure avait bien exprimé, à sa manière, qu'il ne pouvait penser qu'on pût parvenir à le dépouiller en se servant de sa bonhomie et de sa générosité; Alexandre Maurice Laye (33), qui en aurait été instruit par Baron-Faure lors de l'apparition des deux étrangers Monty et Margary, c'est-à-dire après la découverte, et d'une manière qui était loin de faire penser que

Baron-Faure fût l'ouvrier de la compagnie Achard; et enfin Claude Ruelle (34°), celui qui, un dimanche, dans la matinée, fut chargé de transporter la porte que les sociétaires Achard firent placer, de voie de fait, à la galerie de Baron-Faure, lorsqu'il eut trouvé le charbon.

Indépendamment de tout ce qu'on vient de voir, nous demanderons comment on pourrait faire croire que Baron-Faure travaillait pour Day, lorsque celui-ci a été obligé d'avouer dans sa déposition *qu'il n'avait jamais paru sur les lieux tant que Baron-Faure a exploré et exploité*, non plus qu'aucun autre membre de la compagnie Achard.

A-t-on jamais vu et concevrait-on un ouvrier explorant pendant quatre ans consécutifs, dirigeant ses fouilles de plusieurs manières, commençant différens travaux et les abandonnant successivement pour en effectuer de nouveaux d'où il attend plus de succès, à l'aide d'autres ouvriers qu'il s'adjoint et qu'il solde, sans que celui ou ceux qui l'auraient employé, pour lesquels il aurait fait les recherches, fussent venus le moins du monde examiner l'ouvrage, le diriger, encore que l'ordonnateur obligé, qui seul l'aurait prescrit, fût lui-même géomètre souterrain?

Le concevrait-on, surtout de Baron-Faure qui, loin d'avoir reçu la moindre direction, la moindre visite dans ses travaux, n'a pas même entendu, hors de là, dans de fréquentes rencontres, la moindre question à ce sujet, ni du sieur Day, ni d'aucun autre membre de la société Achard? Car, il est bien convenu qu'il n'a jamais parlé de ses fouilles, soit aux héritiers du sieur François Achard, soit au sieur Auband; et le sieur Day lui-même, dans un certificat délivré le 20 février 1833, copié à la suite du Mémoire, sous le n° 2, fait savoir qu'après et depuis l'entretien où il fut question des deux sacs de charbon, il n'avait plus rien dit à Baron-Faure, bien que celui-ci n'eût jamais évité sa rencontre, comme Day l'a avancé pour motiver son silence.

Nous demanderons, s'il était vrai que ce charbon dût être délivré du jour de l'entreprise, et non à raison d'une découverte exploitable qui serait le fait et la propriété de Baron-Faure, comment le sieur Day ne l'a jamais réclamé, ainsi qu'il l'avoue lui-même, quoiqu'il se soit écoulé quatre ans de recherches?

Nous demanderons si l'explication et le motif qu'il donne de son inaction à cet égard, dans le certificat du 20 février, peuvent être de quelque poids, et si sa déclaration de l'impossibilité où était Baron-Faure de solder une semblable redevance, n'emporte pas celle de l'impossibilité du marché que suppose la compagnie Achard?

Nous demanderons enfin, avec M. l'ingénieur en chef des mines, dans son second rapport :

« Comment se fait-il que Day ait vendu tous ses droits aux » sieurs Monty et Margary pour une somme si modique, si les » fouilles de Baron-Faure lui avaient appartenu? »

Quoi! c'est moyennant 600 fr. que Day aurait cédé le tiers d'une importante découverte qui a coûté autant de temps et de dépenses! C'est pour 600 fr. qu'il aurait renoncé à des produits qui seuls auraient pu fournir aux besoins de sa famille? Il ne se serait dépouillé ainsi que lorsque la couche de trois mètres fut entièrement mise au jour et bien appréciée?

Que représentent 600 fr.? Ce n'est pas même le capital, au denier vingt, de la rente hebdomadaire de deux sacs de charbon que, généreusement et sans motifs, Baron-Faure avait promise à Day; Car, en n'estimant le sac pris à la mine que 35 centimes, cette rente s'élèverait à 36 fr. 40 c. par an.

Et encore, 600 fr. ! Dans le canton de La Mure six cents per-

sonnes eussent été dans le cas de les compter au sieur Day, si, en
échange, il eût pu leur céder quelque droit réel sur la mine;
mais ces personnes, habitant les lieux, connaissant ce qui s'était
passé depuis 1819, le sieur Day ne pouvait espérer de persuader à
aucune qu'il eût quelque chose à faire sur une découverte que
Baron-Faure avait seul opérée avec autant de peines, de dépenses
et de temps.

Il n'avait, en effet, qu'une généreuse promesse verbale à rappeler à ce dernier, bien que lui Day, en la provoquant et en la
recevant, eût regardé le tout comme peu sérieux, à raison du défaut de cause, ainsi que sa conduite postérieure l'a prouvé.

Pour acquéreurs de ses droits imaginaires il lui a fallu trouver
un Suisse, habitant La Mure depuis peu de temps, et un Italien
établi à Vizille.

Ainsi, nous l'avons démontré par de nombreux témoignages de
l'enquête, qui ne sont contredits que par ceux de la partie inté-
ressée et d'un copiste maladroit convaincu de fausseté; par la nature des travaux et des dépenses que Baron-Faure a été obligé
de faire pour arriver à la découverte; par ses entretiens, par
ses dettes, par ses demandes d'association; par l'aveu que Day
et consorts ont été forcés de faire qu'ils n'avaient jamais visité ces travaux, qu'ils n'en avaient même jamais parlé à leur
auteur (voir le certificat et la déposition de Day, et la page 7
du Mémoire); par cet autre aveu que jamais les deux sacs de charbon n'avaient été réclamés; par la modicité du prix des prétendus droits cédés par le sieur Day; par cette circonstance qu'il
n'aurait trouvé aucun acquéreur parmi les anciens habitans du
canton, et enfin par ce qu'il y a d'absurde et d'impossible à supposer une redevance de charbon imposée de suite sur un sol
où il n'y en avait pas, et où l'ouvrier prétendu grevé a été

obligé de faire des travaux longs et dispendieux pour en découvrir,

Baron-Faure a exploré pour son propre compte ; il a fait la découverte pour lui et pour lui seul : ce fait est désormais une vérité.

Les sociétaires Achard, qui avaient entièrement abandonné,
depuis long-temps, leurs fouilles insignifiantes et leur demande en
concession, et qui n'y songeaient plus du tout, après avoir laissé
passer Reyjoly inaperçu, se sont réveillés à la nouvelle de la couche
de trois mètres mise au jour. Cette richesse a excité leur cupidité ;
ils ont rêvé les moyens de se l'approprier.

Pour faire croire à la continuation d'une existence qui était
éteinte depuis plusieurs années, ils ont eu recours à de coupables
moyens. Dans leurs trames, ils ont voulu profiter, en y ajoutant,
en la dénaturant, d'une promesse sans cause, que Baron-Faure,
heureux de sa découverte, s'était hâté de publier comme disposé
à l'exécuter sans regret, à raison du trésor qui s'offrait à lui.

Cette promesse, nous l'avons bien définie, bien caractérisée. Il
est probable que Baron-Faure, durant tous ses travaux, n'aurait
jamais eu l'entretien qui l'amena, si, dans une rencontre au
marché, il ne se fût trouvé dans le cas de faire allusion à la conversation antérieure qui avait eu lieu au retour des mines de M. Giroud, en s'annonçant comme ayant commencé de tenter lui-même
des chances auxquelles Day et consorts avaient renoncé.

*En droit, les fouilles et la découverte de Baron-Faure ont été
régulières.*

Devons-nous, à présent, examiner dans le sérieux cette proposition des sociétaires Achard, ainsi intitulée : *Baron-Faure ne
peut avoir la qualité d'inventeur devant la loi ?*

Avec de tels adversaires, où ne faut-il pas se résoudre à faire descendre la discussion? Ici ils ont rempli deux pages de superbes raisonnemens, mais basés sur quoi? Sur une disposition législative qu'eux-mêmes ont créée tout exprès pour la circonstance, ainsi que nous l'avons vu, en prenant du vrai article 10 de la loi du 21 avril 1810, sur les mines, ce qui pouvait leur convenir, et en écartant ce qui consacrait les droits de Baron-Faure.

Pour les réfuter, que faut-il? Tout simplement rétablir ce qu'ils ont retranché.

La loi dont il s'agit dispose, en premier lieu, à l'article cité, *que nul ne peut faire des recherches que du consentement du propriétaire de la surface.*

Un semblable consentement n'a pas besoin d'être exprès; il se présume tant que l'explorateur n'est pas empêché par le propriétaire; Or, Baron-Faure en était pourvu, non-seulement d'une manière tacite, mais encore implicitement par écrit.

Pendant quatre ans il avait effectué des travaux de recherches au mas de Sagneraux, sans éprouver la moindre opposition de la commune de la Motte-d'Aveillans, propriétaire du sol; et, lorsque sa première découverte est faite, il reçoit deux certificats favorables des maire, adjoint, conseillers municipaux et notables habitans de cette commune. L'offre d'indemnité de sa compagnie sur la surface du terrain exploitable, est adoptée dans deux délibérations, l'une du 24 octobre, et l'autre du mois de novembre 1832.

Après ont lieu de nouvelles recherches qui amenèrent une seconde découverte dont il sera parlé plus bas; la première ayant été vue par M. l'ingénieur en chef des mines.

Voilà la position de Baron-Faure quant à ces travaux. Ils ont eu lieu régulièrement sous le rapport du droit, dès qu'il n'y a pas eu d'empêchement, et ils ont de plus reçu la sanction du propriétaire.

La compagnie Achard, qui prétend avoir été la seule en droit d'explorer là où Baron-Faure a fait ses découvertes ; voyons sur quel titre elle se fonde : elle n'a jamais pu parler que d'un arrêté de M. le préfet de l'Isère, du 9 juin 1819, portant permission.

Ce permis, s'il eût été régulier, n'aurait pas excédé deux années, aux termes de l'instruction ministérielle qui suit la loi, et encore à la charge par le permissionnaire de suivre les travaux avec activité, ce qui est bien loin d'avoir été fait par la compagnie Achard, comme on le sait ; mais une permission ainsi donnée n'en était pas une : elle n'était pas régulière du tout.

L'art. 10 de la loi du 21 avril dispose que les recherches ne peuvent avoir lieu que du consentement du propriétaire de la surface, *ou avec l'autorisation du gouvernement donnée après avoir consulté l'administration des mines ;* et l'instruction ministérielle, réglant l'exécution, porte : « *Les permissions de recherches sont accordées* » *par le ministre de l'intérieur, sur l'avis de l'administration des* » *mines, d'après un arrêté pris par le préfet du département, sur* » la demande qui doit contenir d'une manière précise, etc.

» Le préfet prend l'avis de l'ingénieur des mines, etc. »

Ainsi, les adversaires ont beau en dissimuler, dans l'article de loi de leur façon, ces mots : « *donné après avoir consulté l'admi-* » *nistration des mines ;* » de permission ! Ils n'en avaient pas. L'arrêté dont ils s'étaient ne peut être d'aucune valeur.

Si, comme Baron-Faure, ils eussent voulu fouiller à Sagneraux, comme lui, ils n'auraient pu le faire que du consentement du propriétaire, s'ils ne fussent venus avec une permission du gouvernement, telle que le veut la loi.

Observations

Observations sur les deux rapports de M. l'ingénieur en chef des mines.

Il ne nous reste plus qu'à lui faire quelques observations sur les deux rapports de M. l'ingénieur en chef des mines.

La haute capacité de ce fonctionnaire, les soins qu'il est habitué à donner à toutes les affaires qui sont dans ses attributions, et la droiture de ses intentions, que nous nous plaisons à proclamer, n'ont pu le garantir de l'erreur.

Dans son premier rapport, du 12 janvier 1832, M. l'ingénieur, après avoir déclaré que *les fouilles entreprises par la société* Achard en 1819, *n'avaient fait qu'effleurer le terrain, étaient insignifiantes et n'eurent pas de suite*, ajoute que *le vrai inventeur de la mine est Baron-Faure*, qui aurait travaillé sur le pied et aux conditions résultant d'une enquête verbale, ainsi exprimés. Il résulte « qu'en désespoir de cause, le sieur Day, seul, permit ver» balement au sieur Baron-Faure de travailler dans le périmètre » de sa demande, en lui donnant deux sacs de charbon par se» maine s'il trouvait une couche; que la durée de cette permission » n'était pas limitée, mais qu'il est présumable qu'à raison des » motifs qui l'avaient fait accorder, elle devait être aussi longue » que l'exploitation. »

Toutefois, M. l'ingénieur, déclarant encore *que sans Baron-Faure rien ne serait découvert*, décide qu'il lui revient la valeur intrinsèque de la découverte de son gîte, valeur sur laquelle il émet sa pensée, en déterminant la somme à recevoir par cet inventeur, déduction faite du capital de la redevance de deux sacs de charbon, et pense que la préférence en concession doit être accordée aux sieurs Achard, Monty et Margary.

Dans son second rapport , du 5 juillet 1833 , M. l'ingénieur dit
« *qu'il n'est pas démontré que Reyjoly ait été l'ouvrier de la com-*
» *pagnie Day et Achard. Il paraîtrait plutôt que Reyjoly tra-*
» *vaillait pour son compte, à ses périls et risques , moyennant cer-*
» *taines conditions en faveur de la compagnie Achard et Day.* »
« Que Baron-Faure ayant été renvoyé de chez M. Giroud com-
» me mineur , il vint voir les travaux de Reyjoly qui étaient en
» partie épuisés , et conçut le projet de faire des fouilles pour
» rechercher un gîte ; *qu'après des peines inouies et des travaux*
» *constans,* il trouva , en 1831 , une couche de charbon de 8 à 9
» pieds d'épaisseur ; *qu'il a exploré et exploité cette couche pour*
» *son compte ;* qu'il avait promis à Day , un des deux associés ,
» deux sacs de charbon par semaine , *s'il trouvait un gîte ,* mais
» qu'il n'avait rien été convenu en faveur du sieur Achard ,
» 2e associé. »

Après avoir reproduit ce qui se trouve dans son premier rapport
sur les travaux insignifians visités en 1820 , M. l'ingénieur
poursuit :

« *Depuis 1821 jusqu'à 1831 , je n'avais plus entendu parler de*
» *cette demande, et bien que je visse tous les ans ou le sieur Day*
» *ou le sieur Achard, ils ne m'avaient plus entretenu de leur*
» *pétition.*

» Il paraît d'après l'enquête et les renseignemens particuliers
» que j'ai pris depuis 1831 , qu'en raison du droit acquis par une
» demande en instance, les sieurs Day et Achard permettaient à
» des ouvriers d'aller fouiller dans leur périmètre , à leurs périls
» et risques , à la charge par les ouvriers de se prévaloir du
» charbon qu'ils pourraient trouver, moyennant certaines con-
» ditions.

« Il paraît aussi que les sieurs Day et Achard avaient fait, dans
» l'intervalle de 1821 à 1831 , quelques travaux insignifians , ou
» de nulle valeur , sans aucun résultat. »

Puis, un peu plus bas : « D'après cet exposé, je demeure con-
» vaincu que si Day et Achard n'avaient pas formé de demande
» en permission et en concession , les ouvriers Reyjoly et Baron-
» Faure n'auraient *peut-être* jamais eu la pensée d'aller tra-
» vailler sur cette montagne ; que sans la fouille de Reyjoly ,
» Baron-Faure aussi n'aurait peut-être jamais fait de fouille dans
» cette localité ; mais remarquons bien que *Day et Achard n'ont*
» *rien découvert dans leurs propres travaux ;* que le gîte de Reyjoly
» avait été épuisé avec une puissance de 3 ou 4 pieds de charbon ,
» mélangé souvent d'argile schisteuse ; *et que, suivant toutes les*
» *probabilités , sans Baron-Faure, le gîte qui a été mis au jour*
» *par lui, serait encore à découvrir ; que suivant toutes les appa-*
» *rences , et attendu que les affleuremens à la surface sont*
» *presque nuls , il aurait échappé à toutes les investigations.*
» Que les travaux de Reyjoly , quand ils auraient été vus par
» un ingénieur expérimenté, etc. (Ce paragraphe sera reproduit
» plus bas.)

Dans le premier comme dans le second rapport, M. l'ingénieur
en chef n'assigne pas son vrai caractère à la promesse de charbon
faite à Day par Baron-Faure. Il donnerait à penser que celui-ci
aurait eu besoin de la permission de Day , pour se livrer à des
recherches, quoique celles entreprises au même mas , par Day
lui-même et ses associés , ainsi que leur demande en concession
fussent abandonnées depuis long-temps ; mais le résultat de cette
promesse , le cas où elle était réalisable , ont bien été appréciés par
M. l'ingénieur, qui a jugé que le sieur Day n'entendait avoir
autre chose sur la couche à découvrir que la redevance dont il
s'agit.

L'avis de M. l'ingénieur en chef que la préférence en concession est due à la compagnie Achard , malgré que Baron-Faure soit *l'inventeur aprés de longs et pénibles travaux* , tandis que cette compagnie avait tout délaissé sans avoir rien fait qui pût motiver la concession, ne peut dériver que de cette pensée immuable que toujours la préférence est due au premier demandeur, quelles que soient les circonstances.

Si une semblable doctrine devait prévaloir, quels abus n'entraînerait-elle pas ?

Des intrigans , vérifiant les terrains où ils soupçonneraient des mines, demanderaient la permission de les explorer, les marqueraient par un trou , un travail de quelques journées, et se mettraient à solliciter une concession qu'ils sauraient bien ne pas devoir obtenir à raison de leurs fouilles pour la forme , mais qui leur servirait à s'emparer des découvertes que d'autres plus intelligens et plus persévérans viendraient plus tard opérer à grands frais.

Ainsi , celui qui aurait formé un projet de fouilles, devrait, avant de mettre la main à l'œuvre et faire aucune démarche, s'assurer si le terrain qu'il a en vue n'aurait point été inféodé de la sorte par quelque mesure de pure formalité, n'importe depuis quel temps. S'il apprenait qu'il se fût passé quelque chose de semblable, quand même la demande n'aurait été appuyée par rien de réel, et qu'elle fût restée impoursuivie pendant dix ans ou plus long-temps, il devrait renoncer à son projet , pour ne pas se voir enlever, en cas de réussite , une découverte dont les frais de recherche, en cas d'insuccès seraient restés pour lui.

Pour puiser un exemple dans la cause : croit-on que Baron-Faure se serait épuisé en recherches pendant quatre ans , s'il eût pensé que la compagnie Achard pût venir un jour le dépouiller de son invention? Pense-t-on qu'il se serait ruiné pour des gens qui ont fondu comme des vautours sur sa couche de trois mètres, mais qui ne seraient pas venus lui rembourser ses dépenses et le tirer de la misère s'il n'eût pas réussi?

Cette doctrine aurait pour résultat infaillible d'empêcher les recherches et de priver la société, des découvertes utiles qui pourraient en résulter.

M. l'ingénieur en chef a bien apprécié que Reyjoly n'était pas l'ouvrier de la compagnie Achard, et qu'il paraîtrait plutôt qu'il travaillait pour son compte, à ses périls et risques, *moyennant*, ajoute M. l'ingénieur, *certaines conditions en faveur de la compagnie Achard et Day*.

Que Reyjoly eût fait ou non des conditions avec la compagnie Achard, le point important est qu'il n'a pas été son ouvrier, qu'il a recherché pour son compte.

Mais en réalité, après 1823, tant que Reyjoly a exploré et exploité de la sorte, il n'a jamais existé de condition entre lui et la compagnie Achard. Ses travaux, il les a entrepris de son chef, sans en parler à aucun membre de cette compagnie. Quelles conditions aurait-il pu exister? L'enquête n'apprend rien à ce sujet, et il serait difficile de faire quelque conjecture.

Il est à regretter que M. l'ingénieur n'ait pas fait la remarque des derniers mots de la déposition du sieur Day.

Ainsi que nous l'avons vu, ils démontrent, à ne pas pouvoir en douter, que ce témoin, auquel la compagnie Achard rapporte la direction de tout ce qu'elle aurait entrepris, qu'elle indique comme le seul agissant parmi ses membres, comme celui qui se serait abouché avec Reyjoly, et que Reyjoly lui-même désigne comme le seul qui aurait eu des relations avec lui, ne connaissait pas du tout ce qu'avait fait ce dernier, ne savait pas même s'il avait travaillé ou non, si ce n'est par *ouï dire*.

Il est difficile de se rendre compte de cette opinion de M. l'ingénieur qu'il paraîtrait, d'après l'enquête et des renseignemens particuliers, que les sieurs Day et Achard permettaient à des ouvriers d'aller fouiller dans leur périmètre, à leurs périls et risques, ces derniers devant se prévaloir du charbon qu'ils pourraient trouver, *moyennant certaines conditions*.

L'enquête, quant à ce, n'apprend de relatif que la promesse de charbon faite à Day par Baron-Faure, dont on connaît la cause et la nature, à moins que l'on ne veuille tenir compte de la déposition de Reyjoly.

Il est surprenant que M. l'ingénieur n'ait pas été frappé de cette considération que s'il y eût eu de semblables fouilles, la compagnie Achard se serait empressée d'amener en témoignage les ouvriers qui les auraient effectuées, au lieu de produire un grand nombre de témoins qui n'avaient à parler que de faits convenus (les travaux insignifians entrepris en 1819). Ce fonctionnaire a perdu de vue qu'à cet égard la compagnie Achard ne s'est appuyée que sur la promesse de Baron-Faure, et la déposition du témoin suborné Reyjoly; elle n'a jamais allégué que d'autres ouvriers eussent travaillé à des conditions quelconques.

Nous sommes bien éloignés d'élever le moindre doute sur la sincérité de l'énonciation de la dernière cause qui a contribué à former l'opinion de M. l'ingénieur; mais nous avons de justes motifs de penser que les renseignemens particuliers dont il parle lui ont été fournis par des personnes qui, d'une manière ou d'une autre, pouvaient avoir intérêt à déguiser la vérité.

Si, par exemple (ceci n'est qu'une supposition), M. l'ingénieur en chef, à l'occasion de ses voyages aux mines de la Motte-d'Aveillans, appartenant à M. Giroud, s'était renseigné auprès des préposés à la recette et à la surveillance de ces mines, il aurait pu, sans s'en douter, avoir pour indicateur, dans la personne du principal commis ou maître mineur, le proche parent et l'intime ami de MM. Caral et Badier, deux membres de la compagnie Achard. On conçoit facilement que le double lien de parenté et d'amitié aurait pu faire fléchir l'impartialité de la personne consultée.

Il résulte de l'enquête qu'après 1823 tous travaux de recherche ont cessé de la part de la compagnie Achard, et qu'elle n'a pu démontrer, pour le laps de temps qui s'est écoulé depuis jusqu'à 1831, que le puits creusé en 1827 par Joan Dufour-Bosse, 26° témoin, sur l'ordre du sieur Charles Achard, qui agissait certainement de son chef, isolément de la société à laquelle il n'avait jamais appartenu, et qu'il devait considérer comme éteinte.

Nous marquons ce fait pour préciser *les travaux insignifians ou de nulle valeur, sans aucun résultat*, que M. l'ingénieur en chef pense avoir été faits de 1821 à 1831, par les sieurs Day et Achard, bien que Day n'y fût pour rien.

Il n'y a eu absolument que ce puits; et en l'attribuant à la compagnie, il n'aurait pu, par l'époque où il a été fait, la relever de la déchéance ou péremption du permis de fouiller qu'elle avait obtenu, si, d'ailleurs, ce permis eût été régulier.

Nous sommes loin de partager l'opinion de M. l'ingénieur sur ce point, que sans la demande en permission et en concession des sieurs Day et Achard, et sans la fouille de Reyjoly, Baron-Faure n'aurait *peut-être* pas eu la pensée de fouiller lui-même.

Baron-Faure ne pouvait être engagé par le succès qu'avait eu la compagnie Achard et Reyjoly. Il est vrai que leurs recherches ayant été insignifiantes, elles ne devaient pas rebuter celui qui venait avec le projet bien arrêté d'en commencer de nouvelles avec une meilleure direction et une persistance bien démontrée; mais ce qui a donné l'idée de fouiller à Baron-Faure, tout comme à la compagnie Achard avant lui, c'est que chacun savait à la Motte, et était à même de vérifier, qu'à différentes époques reculées des travaux d'exploration ou d'exploitation avaient eu lieu à Sagneraux. Nous avons cité Gabriel Reynier-Gagnon et Jean Gaillard-Minet père, qui y avaient travaillé les derniers il y a plus de quarante ans.

M. l'ingénieur, partant toujours de cette idée que Baron-Faure avait eu besoin de la permission de Day pour commencer ses fouilles, et que la rente hebdomadaire de deux sacs de charbon promise à celui-ci en cas de découverte, était le résultat d'un marché bilatéral, pense qu'il devait en revenir autant au sieur Achard, contrairement à l'opinion émise dans son premier rapport; mais cette promesse n'ayant pas de cause réelle, Baron-Faure pouvait la faire à qui bon lui semblait, sans qu'elle pût profiter à d'autres se trouvant dans le même cas que celui qui l'avait reçue.

Dans son premier rapport, M. l'ingénieur avait déclaré, sans détour, que Baron-Faure était le vrai inventeur de la mine; dans le second, nous ne pouvons lire qu'avec surprise ces mots de doute et d'indécision.

« S'il est difficile de définir ce que la loi a entendu par inven-
» teur, *on ne peut nier l'utilité du gisement découvert par Baron-*
» *Faure, on ne peut mettre en question le service qu'il a rendu,*
» *on ne peut contester ses droits.* » Et plus bas :

« J'avais considéré Baron-Faure comme seul inventeur, parce
» que j'avais ignoré toutes les circonstances qui se rapportent à
» Reyjoly, etc.

» Je pense aujourd'hui que les droits de Baron-Faure sont un
» peu

» peu moins forts que lors de la première instruction, par les faits
» que je viens de rapporter, et ceux de la compagnie Achard ont
» augmenté dans la proportion que les autres ont diminué.

» Après avoir pesé tous les droits respectifs des deux sociétés
» dans la balance de la législation et de l'équité, je pense qu'il
» faut diviser les intérêts de la concession en cent actions, et en
» donner 5o à la compagnie Achard et 5o à la compagnie Baron-
» Faure. »

La petite veine d'anthracite friable, mélangée d'argile, non
encaissée, qu'avait trouvée la compagnie Achard en 1820, ne
pouvait motiver une concession, et M. l'ingénieur lui-même l'a-
vait formellement déclaré, *en annonçant aux membres de cette
compagnie que tant qu'ils n'auraient pas d'autre gîte apparent, il
n'y avait pas possibilité d'instruire leur demande. Les travaux de
recherches n'eurent pas de suite, et M. l'ingénieur recevait tous
les ans l'assurance qu'aucun gîte n'était découvert. Ce fonctionnaire n'avait plus entendu parler de la demande en concession depuis 1821 jusqu'à 1831, bien qu'il vît tous les ans ou le sieur Day
ou le sieur Achard.*

Reyjoly est venu travailler pour son compte, en 1827, dans le
but de prendre, au moyen d'une petite galerie pratiquée sur
l'ancienne, ce qui pouvait rester de cette veine. Plus tard, en
1831, il a essayé quelques recherches sur un point opposé, sans
aucun succès.

Ainsi, avant la couche de trois mètres mise au jour par Baron-
Faure, il n'y a jamais eu que cette veine de mauvais charbon.
Reyjoly lui-même, payé pour mentir, n'a pas pu avancer qu'il
eût été fait d'autre découverte. Les adversaires, dans leur Mémoire, ont parlé sans fin de la galerie de 26 toises, où elle se trouvait, des derniers travaux de Reyjoly; mais jamais ils n'ont pu

alléguer un autre gîte. Que l'on retourne leurs argumens à cet égard en cent façons, il n'en ressort toujours que cette veine, vue par M. l'ingénieur en 1820, délaissée en 1823 par la société Achard, et reprise par Reyjoly en 1827 pour en extraire ce qui restait encore. M. l'ingénieur en chef ne dit pas le contraire.

La vraie, la seule découverte pouvant donner lieu à la concession, est donc celle de Baron-Faure. Sa qualité d'inventeur ressort d'une manière bien tranchée, surtout lorsque M. l'ingénieur nous dit lui-même « *qu'il est convaincu que, suivant toutes les* » *probabilités, sans Baron-Faure, le gîte qui avait été mis au* » *jour par lui serait encore à découvrir ; que, suivant toutes les* » *apparences, et attendu que les affleuremens à la surface sont* » *presque nuls, il aurait échappé à toutes les investigations ;*

» *Que les travaux de Reyjoly, quand ils auraient été vus par* » *un ingénieur expérimenté, il n'y aurait pas eu possibilité de* » *juger qu'à 25 mètres de distance, un gîte de 3 à 4 pieds, au-* » *rait pris une extension de 8 à 9 pieds, avec une grande régula-* » *rité dans les salbandes.*

Comment se fait-il, après cela, que des circonstances qui se rapportent à Reyjoly, M. l'ingénieur semble avoir subi quelque impression contraire à son premier avis, qui était que Baron-Faure était le seul inventeur ? Baron-Faure, qui, seul, après des efforts inouis, a mis au jour un gîte que les travaux de Reyjoly *n'au-* *raient pu indiquer à un ingénieur expérimenté, un gîte qui au-* *rait échappé à toutes les investigations.*

Comment se fait-il que *ces circonstances* aient diminué les droits de Baron-Faure, pour augmenter d'autant ceux de la compagnie Achard ?

Qu'en 1827 Reyjoly ait encore extrait quelques sacs de charbon de la mauvaise veine délaissée en 1823, que chacun avait bien connue à cette époque ; cette circonstance ne saurait rien changer à la position de Baron-Faure, telle que M. l'ingénieur l'avait appréciée avant l'enquête.

Nous avons raisonné comme si Reyjoly, en 1827, eût été l'ouvrier de la compagnie Achard. Dans cette supposition favorable, ses travaux n'auraient rien pu changer aux droits de Baron-Faure, ni diminuer son invention.

Mais, nous l'avons précédemment établi, et M. l'ingénieur l'a reconnu lui-même. Reyjoly n'était point l'ouvrier de la compagnie Achard ; il travaillait pour son compte et à ses périls et risques, sans l'ordre ni la permission de personne. Cela étant, ses travaux ne devraient entrer en concurrence avec ceux de Baron-Faure, qu'autant qu'il serait lui-même demandeur en concession. Or, il ne sollicite rien. Tout ce qu'il a fait, par conséquent, ne peut être opposé à Baron-Faure, quand même ce dernier en aurait retiré un grand avantage, et on sait qu'il n'en a retiré aucun.

Personne n'admettra qu'entre deux concurrens, on puisse faire profiter l'un, au détriment de l'autre, du fait d'un tiers étranger au débat.

Seconde découverte de la compagnie Baron-Faure, omise dans le dernier rapport de M. l'Ingénieur en chef des mines.

Dans tout ce qui précède, on n'a appris que la moitié de l'invention invoquée par la compagnie Baron-Faure. Il a été mis au jour autre chose que la couche dont nous nous sommes entretenus.

A cet égard, nous avons à réclamer contre une omission faite, à notre préjudice, dans le dernier rapport de M. l'Ingénieur.

Le jour de l'enquête, qui eut lieu sur le local, nous oubliâmes, sur le soir, lorsque tout fut terminé, de faire voir à ce fonctionnaire une galerie de 32 à 34 mètres, pratiquée par notre compagnie, sur la fin de 1832, et dans le courant de 1833, au même mas de Sagneraux, à quelque distance et vis-à-vis le gîte de trois mètres.

Cette galerie, établie dans un rocher dur et solide, se dirige sur deux nouvelles couches d'anthracite, de bonne qualité, l'une de deux mètres, et l'autre d'un mètre à un mètre trente-trois centimètres, qui ont été mises au jour par Baron-Faure, au moyen d'un puits creusé dans le terrain supérieur. Il reste peu à faire pour atteindre ces deux couches par la galerie dont il s'agit.

Nous avions cru pouvoir réparer notre oubli, en faisant remettre, le lendemain de l'enquête, à M. l'ingénieur, avec qui l'un des associés s'en était d'abord entretenu de vive voix, une note détaillée relativement à cette nouvelle découverte et aux travaux qu'elle a amenés; nous en avons parlé après dans un Mémoire à M. le préfet, du 5 juillet 1833, joint au dossier. Nous espérions qu'il en serait fait mention dans le second rapport de M. l'ingénieur, notre espoir se trouvant déçu, nous croyons devoir faire toutes réserves et protestations au sujet de cette omission.

Si l'autorité jugeait à propos de faire vérifier les nouveaux gîtes, en même temps que les travaux qui ont été effectués pour arriver à l'exploitation, il suffirait de quelques jours pour déblayer le puits, qui a été dégradé depuis la cessation des recherches.

Voilà la fin de notre tâche.

En rétablissant la vérité, si indignement outragée par nos adversaires, nous avons éclairé les autorités et le public sur les faits et les circonstances des débats qu'a soulevés une fructueuse découverte.

Qu'apparaît-il de ces faits? Quels sont les concurrens en instance?

D'une part, un laborieux ouvrier, se présentant avec des associés qu'il s'est adjoints à l'effet des garanties légales, pour réclamer la concession d'une mine dont il est l'unique inventeur après des travaux inouis, qui ont duré quatre ans, qui ont ruiné sa santé et consumé son petit patrimoine ; une société qui, depuis sa formation, s'est livrée à de nouvelles recherches, et a fait une seconde découverte aussi importante que la première, et de coûteux travaux pour la mettre à profit.

De l'autre, les héritiers bénéficiaires, et cessionnaires en second ordre, au prix de quelques centaines de francs, des membres d'une compagnie qui s'était formée il y a quatorze ans pour fouiller au même endroit, mais qui, faute de volonté ou de capacité, n'ayant rien fait de valable, s'était éteinte peu de temps après sa formation. Une association qui, s'appuyant sur une existence passée, en voudrait faire ressortir des droits factices, à l'aide du mensonge, de la fraude et de la subornation.

Le fonctionnaire appelé le dernier à donner son avis dans l'instruction, appréciera la justice et la pureté de notre cause ; son impartialité bien connue nous protégera contre les trames de nos adversaires. Nous avons pleine confiance aussi dans la décision du gouvernement, qui consacrera des droits marqués par le travail le plus persévérant et les plus grands sacrifices.

CONCLUSIONS.

En conséquence, nous concluons :

A ce qu'il plaise à Sa Majesté, en son conseil, faisant droit aux oppositions formées par requêtes des 23 juillet 1831 et 19 mars 1832, nous déclarer concessionnaires des mines d'anthracite, situées sur les communes de la Motte-d'Aveillans et la Motte-Saint-Martin , dans le périmètre des plans joints au dossier, sans autre indemnité en faveur de la compagnie Achard, que le remboursement de ses frais de plans; nous engageant d'ailleurs à nous conformer à toutes les conditions qui nous seront tracées par l'ordonnance à intervenir.

La Mure, 6 septembre 1833.

REYNIER.

REYNIER.

A. REYNIER.

Par procuration de Baron-Faure,

E. REYNIER.

GRENOBLE, IMPRIMERIE DE C.-P. BARATIER, 1833.